今は昔、おかやま商店街の盛衰

猪木正実

岡山表町商店街（上之町）に「不燃化商店街」（共同不燃化ビル）誕生。１階が商店街、落成記念大売出しが盛大だった。中之町方面から城下へ向け撮（昭和 36 年＝岡山県立記録資料館所蔵）

繁盛期の人出を思わせた'23年夏の表町商店街・土曜夜市「おもぶら!」の混雑

岡山表町商店街最南端（千日前）に完成した岡山芸術創造劇場「ハレノワ」。奥手に表町商店街アーケード

最盛期の岡山表町商店街の混雑ぶり（平成16年前後）

太平洋戦争が終わって78年が経過する。この間、岡山は大きく変わった。政治も経済も社会も県民の生活も。そして令和の現在。社会はまた大変革期を迎えている。「戦後78年岡山経済史」から岡山・商店街編をまとめた。岡山の商店街は厳しい流通戦争を経て今新たな出発点に立たされている。従来の〝商店街〟から真の〝商人《あきんど》街〟への変身を図ろうと懸命になっている。その甲斐あって今夏の土曜夜市は大盛況だった。その活動の中心にいるのが危機感を抱いた〝若い商人《あきんど》〟たちだった。

岡山人じゃが

岡山ペンクラブ

2023

2023年9月30日発行 第15号
●地域総合文化誌／岡山人じゃが2023

目次

【戦後78年　岡山経済史】岡山・商店街編

今は昔、おかやま商店街の盛衰

猪木正実

岡山大空襲そして終戦。ヤミ市から復興へ
朝鮮動乱の特需景気を経て再建への道筋

「なんでも買おう、なんでも売ろうという露店。と言っても二、三尺ばかりの板の上になんでもかんでもならんどる野店から、買い物籠へ少しばかりの品物を入れてる立チン坊まで入れると百人ばかりがズラリと押し合って並んでるんだ。それを押し合って黒山のような人ダカリである」――。

終戦直後の岡山駅前周辺の、いわゆるヤミ市の模様を、郷土史家の岡長平氏（1970年没）は、こう記している。（「続・ぼっこう横町」）。続いて「この市場は〝物々交換〟だった。皆んな〝竹ノ子生活〟より致し方がなかったから、疎開して持ってきていた物を持ってきて、ここで銭にして差し詰めいるものを買うのである。とにかくこの板露店が、戦災後第一号の岡山商店街なんだ」――。

岡山市の中心市街地が、一面焼け野が原になったのは、終戦直前の昭和20年6月29日の大空襲だった。そして8

月15日の終戦。苦しかった戦時体制から一転、復興の動きに変わった。焼け野が原になった県都・岡山だが、意外に商店街再興の動きは速かった。

表町商店街の中央に店舗を構えていた百貨店の天満屋は、昭和20年10月10日焼け残っていた店舗を修復し、部分的に売り場を再開している。これに呼応する形で同12日には周辺の商店街関係者が集まって「表八カ町の復興を促進する協議会」を県や市と共に結成し、岡山市中央商店街復興委員会を立ち上げた。

そして翌22年には復興祭の開催にまでこぎつけている。商店街では商店主らの復興への意気込みを見せるかのように大売出しを実施している。

こうして昭和24年あたりになると、ようやく商業界も落ち着きを見せ、戦後の混乱期を抜け出し、本格的復興・成長期へと移っていった。岡山市の商店街関連で見ると、前年の23年には、岡山市商店会連盟（後の岡山市商店会連合会）が結成されている。商店会の組織化もようやく動き出している。そして当時の日本の景気回復を下支えしてくれたのが、朝鮮動乱（昭和25、26年）による特需景気だった。

24年末には天満屋バスセンターが、表町の天満屋に接して完成している。このバスセンターの整備は、天満屋にとっても表町商圏にとっても、大きな意味を持った。県内の主要なバス便が同バスセンターと結ばれていることから、表町商圏は県内最大のバスターミナルと直結したことになる。

岡山市の中心商業地は、ヤミ市で賑わっていた岡山駅前・中筋商店街周辺から徐々に旧来の表町地区に戻っていくことになった。

岡山市以外の倉敷、津山、総社、玉野など各地域の商店街も、復興から再建への道筋を探り始めていた。

成長期、合い言葉は〝岡山国体までに〟
不燃化ビル、アーケードなど整備進む

昭和30年代に入ると商店街の動きは更に活発化してくる。特に岡山県では、当時、同37年に岡山開催が予定されていた国民体育大会に向けて、強力な県政振興策が打ち出されていた。街の整備に公的資金が導入され、商業界も復興へ好影響を受けた。

商店街関連では、アーケードや照明設備の新設、舗装・道路拡幅整備など、遅れ気味だったハード面の投資が積極的に進められたのがこの時期である。

30年には奉還町商店街のシルバーアーケード、32年には表町八カ町商店街のアーケード化が完成。また、岡山国体を目指して、岡山の顔たる岡山駅前地区の整備も進められた。34年には岡山駅構内を表口から西口に通じる地下道を整備し、表口側に、当時としては珍しい地下の商店街、岡山駅地下商店街（「三番街」）が整備されている。

35年には、上之町・中之町地区の共同不燃化ビルが完成、不燃化商店街として、華々しくオープンしている。これは、国の不燃化ビル構想に沿ったもので、将来的には、表町商店街全体を不燃化ビル化していこうという壮大な計画だった。が、同地区以南は、その後地元商店街関係者や行政サイドの話がまとまらず、残念ながら計画通りの実現を見なかった。

県内各地の商店街が施設整備を急ぐ一方で、岡山商圏の将来性を見込んだ県外業者の岡山進出の動きも、活発化している。

昭和37年には県外から「銀ビルストア」（姫路市）が表町・千日前地区に、39年には「ダイエー柳川店」が岡山・柳川筋に進出して来ている。これが、岡山市内への県外大型小売店勢進出の初陣。41年の「ダイエー岡山駅前店」（当時の「フジビル」）の出店に対しては、地元の商店街関係者や商店主らが岡山商工会議所も巻き込んで、厳しい

反対運動を展開している。地元商店主らの鼻息は、まだ荒かった。

しかし、その後も反対運動は続いたものの、それとは関係なく県外大手勢の進出は増え続き、44年にはイズミ岡山店（広島市）、ユニード岡山店（福岡県）なども表町周辺に相次いで出店してきている。初期の出店攻勢は市街地中心部が主体だった。

高度成長で商店街も施設拡充
大手勢進出で流通革命の足音ひたひた

昭和40年代から50年代にかけては、高度成長経済の波に乗って、地元商店等も成長している。それぞれの地域で「大型店進出反対」運動を活発に続け、地元商店街自らは、大型店対応としてアーケード、舗装、照明設備などの施設面の整備を進め、個店についても、施設、商品力の充実に努めていた。商店街と大型店進出組が最も激しく対立し競合し始めた時期だ。

具体的には競合、対立の状況は、岡山地区（西大寺地区も含む）が先陣を切り、倉敷地区（玉島、児島、水島地区も含む）や津山地区にもそれが広がり、総社地区、高梁地区、新見地区、それに港町の笠岡地区などにも及んでいった。地元サイドはアーケードなどを整備し、近代的商店街づくりに努め、それなりに賑わいを見せていた。いずれも、地元経済の成長・賑わいを背景としており、岡山地区は県都・県庁所在地としての経済集積効果、倉敷地区は水島工業地帯建設効果や繊維ブームに沸く児島の賑わい、津山地区は県北の中核都市としての集積効果などである。県西部の井原地区も繊維ブームに乗って女子従業員が急増、商店街の規模は拡大していた。

しかし、一方で、流通革命の波は地方にも確実に押し寄せて来ていた。流通戦争の幕開け時期でもあった。流通革命の中で、地方に攻め込む大手量販店勢を、商店街を中心とした地元勢がどう対応し防戦できるかが焦点になりつつあった。地元商店街は、まだ、進出大手勢に対抗できていた。

岡山にとって本格的流通戦争の幕開けは、昭和47年3月15日の山陽新幹線の岡山乗り入れ（新大阪―岡山間開通）だろう。当時の言葉で言えば〝ひかり都市・岡山〟の誕生だ。

翌48年5月には、岡山にとって初の大手デパートの進出となる髙島屋（大阪市）が、岡山駅前に「岡山髙島屋」を開店。続いて、48年10月岡山駅前地下に「岡山一番街」（県内外の有力専門店１２３店舗入店）がオープン。既存の駅前商店街（中筋商店街）や岡山会館などと共に岡山駅前商圏は、表町商圏に対抗する一大商業集積に拡大した。

対抗して表町商圏では、天満屋が45年店舗面積を倍増、バスセンターも整備しており、48年には中之町地下街が完成、49年には長崎屋岡山店もオープン。表町商圏の集客力を向上させていた。

これにより、岡山商圏は、駅前地区と表町地区の二極時代に突入した。この二極の競合が商圏の拡大に大いに貢献したともいえる。が、半面、県内一円で商圏内での競争と地域間競合が一気に増えていった。

また、同時期あたりから、大型量販店勢は、従来の市街地中心部への出店攻勢を一段落、次の段階として郊外への出店攻勢を更に強めてきていた。郊外展開の主要なものは、51年ジャスコ岡山店（青江）、52年天満屋ストア岡南店、同原尾島店、中鉄操陽ショッピングセンターなどなど。

都市近郊への出店が特に目立ち、倉敷や津山、高梁、新見などでも同様。大型の駐車場を持ち、商品量を誇る郊外型大型店舗が、商店街を圧倒し始める。郊外型大型店は、来店客を楽しませる〝レジャーセンター〟的要素を兼ね備えており、特に若い層の人気を集めていた。

攻勢をかけていた大手量販店勢は、県外勢のニチイ、イズミ、ジャスコ、ダイエーなどに対し、地元では天満屋ストアや中鉄ストアなどが対抗。県内各所で激しい陣取り合戦を展開していた。

こうした環境の中で相次ぐ大型店舗の出店攻勢に対応しようという大規模小売店舗法（大店法）が施行されたのは昭和49年3月だった。商店街関連では、52年4月、岡山県商店街連合会（県商連）が設立され、同年12月には岡山市商店会連合会が、向こう3年間の「大型店進出凍結宣言」をし、抵抗している。しかし、激しい流通戦争の中では、ほとんど効果が見られず、いずれも徒労に終わったと言わざるを得ない。

それなら、なぜ商店街が大手量販店勢に対抗できなかったのか。それは、モータリゼーションへの対応ができなかったためだ。既存の商店街にとって当時一番の難題は、急激に進むモータリゼーション対策だった。

高度経済成長に乗ってマイカーが普及し、消費者は「家族一緒にマイカーで……」となり、県内のどこの店舗にも手軽に早く行けるようになった。大手量販店勢はこの層をメーンターゲットに交通の利便性の高い郊外に出店攻勢をかけた。

これに対し既存の商店街は、すぐには駐車場が整備できなかった。このため、少々遠方でも消費者は利便性の高い郊外の大型店に足を向けた。この駐車場不足が、既存の商店街にとって致命的となった。

加えて商品力とサービス力。量販店が大量で安価な商品とサービスを〝売り〟にするのに対し、商店街の個店では価格でも量でもサービス面でも、簡単には対抗できなかった。この駐車場と商品力・サービス力の差が、消費者の商店街離れを決定的にした。

厳しい環境変化が予測される中で、商店街関係者らも手をこまねいていた訳ではない。危機感を募らせ、行政と共に、各種の近代化計画づくり、振興計画・開発構想づくりに取り組んではいる。

結果、計画や構想はいずれも素晴らしいものが提案されたが、商店街関係者らの反応は「あまりにも現実離れしていて……」「資金はどうする……」といったものが多かった。代表的なものは、岡山市の「岡山駅前地区再開発基本計画」（昭和45年）、中小企業庁の「岡山市地域商業近代化計画」（同）、岡山県の「岡山県商業近代化地域計画」（46年）などである。この時期、県内各地域で振興計画が盛んに論議された。

各振興計画とも、将来のあるべき方向性、将来の商業の理想的姿、県内の商業の地域計画を示したものが目立った。内容は立派だったものの、それを実現する道筋が示されず、実際の当事者となる商業者らの反応はいまひとつ。

商店街改革の難しさを浮かび上がらせるに留まった。

この時点で何らかの手が打たれていたら、商店街は今ほどの苦境には陥らなかったかもしれない。

バブル崩壊と商店街苦難の幕開け

〝シャッター通り商店街〟出現と後継者難

商店街が勢力を保てていた時期は、平成2年のバブル崩壊あたりまでだった。昭和が終わり新時代・平成の幕開け時期と重なる。すでに商業環境は大きく変化していた。

かつて岡山の商店主から「表町商店街に出店するのが〝夢〟だ」との声をよく聞かされた。当時、その表町商店街に店舗を構えようとすると、地価は「坪、数千万円はする。それでも物件はないだろう」という状態だった。まさにバブルの時は〝狂乱〟状態だった。

そして、平成元年4月には消費税がスタートする。税率は当初3％だったが、小売業界には大きなマイナス効果。そのあたりから商店街勢の勢いは下降線をたどる。商店街の苦悩、残酷物語が始まっている。

バブル崩壊後、商店街では経営が行き詰まる店舗が出始めた。そのスピードは予想以上に早かった。結果として、商店街筋にはシャッターを閉めたままの空き店舗が増加するようになり、いわゆる〝シャッター通り〟が出現する。最後が商店経営者自らの問題で、自身の高齢化、

大型間接税反対岡山県総決起大会。消費税導入前に商業者の反対運動は激しかった（昭和61年）

後継者不足が経営不安要因として表面化してくる。いずれも難問ばかりだ。

シャッター通りの構図は次のような形である。商店街が疲弊してくると、どうしても廃業する商店もあり、シャッターを閉めたままの店舗が出てくる。こういった空き店舗が一、二店ならまだしも、増えてくると、イメージ的にもよくない。このため、商店会側では、閉めたままの空き店舗の活用を考えるが、閉めた側にはそれぞれ複雑な事情があり、後のテナントはなかなか見つからない。シャッターが閉まったままの店舗が増えてくると、正に〝シャッター通り〟となり、商店街の体をなさなくなる。

県内の地方の商店街では、この状態となっている商店街が少なくない。市街地中心部の商店街でもこの傾向はみられる。加えて商店経営者自らの高齢化や後継者不足があるとなると、商店街振興どころではなくなる。

商店街振興は〝街づくり〟の発想で
意識改革し「差別化集中戦略」「地産地消に特化」以外選択肢なし

岡山県中小企業団体中央会は、平成23年、県内の商店街を対象に「岡山県商店街等実態調査」を実施している。ここにはっきりと、流通戦争の中で、商店街や商店主の抱えている問題点が浮き彫りにされている。

調査は県内の商店街を対象に行われ主要な41組合が回答している。まず、全体の景況については「衰退してきている。将来の展望も厳しい」との声が多く、大型店進出の影響については「商店街に与える影響は大きい」と答えている。

商店街や商店主自らの状況については「(経営者の)高齢化と後継者不足が深刻な問題」「老朽化する設備への対応」「増え続ける空き店舗対策」などの問題点が指摘され、商店街の置かれた厳しい現実を浮かび上がらせていた。バブル崩壊以降、商店街の置かれた地位は、確実に下降線をたどっていた。

そこで、同中央会は5年後の平成28年度に再度商店街実態調査（別表参照）を実施、その後の推移を調べている。しかし、結果は、前回調査時点より商店街の実態は厳しい内容となっていた。

商店街を取り巻く環境自体に、イオンモールといった巨大商業施設の誕生や、インターネット通販の普及、テレビショッピングなど購買機会の多様化、加えて少子化による人口減少など、新たな構造的要因が加わってきたからだ。

前回調査に比べて、回答してきた組合数や店舗数の減少を踏まえて「現在・将来の景況感は依然として厳しい」「自立化計画に取り組む商店街と取り組めない商店街での２極化が進む懸念がある」「老朽化する設備と高くなる維持費」などが指摘されている。

地区別分類	商店街名称	加入者総数		①正組合員加入者数	
		2012年度 N＝41	2016年度 N＝34	2012年度 N＝41	2016年度 N＝34
岡山市内	岡山駅前商店街振興組合	78	78	38	35
	奉還町商店街振興組合	91	104	84	84
	協同組合西奉還町商店会	50	46	50	46
	協同組合中之町商店会	116	91	78	75
	岡山上之町商業協同組合	53	85	42	42
	協同組合岡山市栄町商店街	47	32	31	32
	オランダ通り商店街振興組合	36	25	30	
	新西大寺町商店街協同組合	45	38	45	38
	岡山千日前商店街振興組合	22		15	
	協同組合岡山市下之町商店会	56		45	
	天地下名店会協同組合	16		16	
	西大寺門前町商店会協同組合	14	11	10	11
	医大前商店街振興組合	52	50	50	45
	岡山表町南部商店街振興組合	36		36	
	ロマンチック通り商店街振興組合	45	44	42	42
	協同組合西大寺町商店会	29	26	28	25
倉敷市内	倉敷センター街商店街振興組合	63	60	59	54
	倉敷デパート協同組合	36	40	29	29
	倉敷えびす通商店街振興組合	38	30	31	30
	倉敷えびす商店街協同組合	24	24	21	22
	一番街商店街振興組合	41		15	
	倉敷中央商工協同組合	9	9	9	8
	協同組合旭商店会	29	21	29	21
	水島栄町商店街振興組合	35	20	20	20
	水島常磐町商店街振興組合	49		39	
その他地域	日生町商業協同組合	38	37	38	37
	片上商店街振興協同組合	31	24	31	24
	高梁栄町商店街振興組合	23	19	20	15
	宇野港商店街振興組合	28		28	
	協同組合津山一番街	51	41	44	33
	城南商店街協同組合	20	19	20	19
	協同組合元魚町商店街	34	32	23	18
	協同組合今津屋橋商店会	29	26	18	20
	協同組合津山二番街	20	6	20	6
	協同組合本町３丁目	31	30	29	28
	協同組合津山南町大通商店街	21	15	14	13
	津山駅前商店街協同組合	27		12	
	協同組合和気駅前商店街	44		41	
	協同組合津山銀天街		15		10
	笠岡東本町商店街振興組合	34	31	16	15
	笠岡本通商店街振興組合	22	16	17	15
	協同組合新町	38	29	35	29
	玉商店会駐車場協同組合		26		26
合計		1,601	1,200	1,298	967

岡山県内の主要商店街一覧

中でも後継者不足を挙げる声は8割、空き店舗増加の声は5割強もあった。そして結論として「今後、商店街組合を取り巻く大きな転換が図られることがなければ、このまま組合組織が困難となり、解散を含めて、組織の事業継続を図ることができなくなる組織が増大することが予想される」と厳しく分析。

調査結果を受けて、同中央会では、今後の展望として「生き残る戦略もありうる」としたうえで①狭いターゲットに集中して、ヒト・モノ・カネ・情報の経営戦略を集中的に投下することで競争に勝つ戦略、すなわち〝差別化集中戦略〟②地産地消、水産加工品、工芸品など地域の特色を反映。地産地消に特化――を生き残り戦略の一つとして示している。

最後に、生き残りのビジョンが描けない場合には、撤退戦略も含めてあらゆる可能性を排除することなく自らの活路を見出すことが望まれると結んでいる。

商店街はこうして戦後78年。戦災のヤミ市から復興して街も人も大きく変わった。商店街も、またその存在意義も変わった。最早、商店街だけの活性化は考えられない。街づくりの中に商店街・商業施設をどう組み込んでいくか、そんな時代になったようだ。

街づくりにとって賑わいを演出してくれるのは商業施設である。つまり商店街の存在は不可欠なのである。街づくり計画の中で商店街振興を考えるべきだろう。商店街単独での振興計画には限界がある。

「やればできる」商人《あきんど》と会える街目指す
リーダーは若手、経営者の世代交代進む

「やればできる」――。こんな思いを強くさせてくれたのが、コロナ禍が一段落した令和5年夏の各地の商店街の土曜夜市の賑わいだった。

岡山表町商店街の土曜夜市は全体テーマが「おもぶら！ 表町土曜夜市」。それぞれの商店街ごとに趣向を凝らしたイベントを展開。中之町、栄町、紙屋町、上之町などは子供連れなどで大混雑。その中を手伝いの若手商店主らが会場整理に走り回っていた。夏の夜市がこれだけ盛り上がるのは、コロナ禍があったとはいえ久しぶりに思えた。

その中之町の商店会組合が打ち出しているキャッチフレーズが「商店街でなく商人《あきんど》街にしよう」だ。これからの商店街は単に商店が集まっている街（町）ではなく〝商人《あきんど》〟がいる地域でなくてはならない、それができたら、お客さんは必ず来てくれる――という意味。中之町を「商人《あきんど》と会える街にしたい」と各自、真の商人《あきんど》になるべく頑張っているという。先頭に立つリーダーは青年部役員だ。

その昔の商店街を振り返ると、各商店とも商店主はその道のプロ、権威者だった。ある意味、その地域の文化人でもあった。だから会って話を聞いても面白い。現在の商店街にこんな文化人店主が何人いるだろうか。「商人と会える街」という〝商人〟というのはこんな文化人を指すのだろう。

岡山表町商店街には、最南端の千日前地区に9月1日、岡山芸術創造劇場「ハレノワ」がオープンした。その昔、千日前は映画館街として賑わった地域だ。サーカスの拠点もあった。アーケードもあったが、現在はそれも撤去され、新しい〝通り、商

土曜夜市「おもぶら！」の「子どもカラオケ大会」。'23年は工夫したイベントが多かった

店街〟の整備を待っている段階。芸術創造劇場は表町商店街の新しい拠点施設になるだけに、どんな街づくりがなされるのか、期待と歓心が高まっている。

今夏の商店街の土曜夜市の賑わいを見るにつけ感じたのは、商店街に対する地域住民の親しみの深さと、商店街側では若い商店主の熱意・頑張り様だった。自ら汗を流している。

旧来の商店街を見て、最近目立つのは、商店街で若い商店主や若い起業家らによる活性化策や新期事業の立ち上げである。岡山でも津山でも総社でも見られる。デジタルアートやeスポーツを取り入れたもの、プロスポーツと連携したもの、国際的〝食〟を売り出すもの等々様々だ。

空き店舗対策も含めて、岡山県中小企業団体中央会では「商店街の人たちは皆一緒だという〝一体化の意識〟を持つべきだ。商店街でも一人だけではダメで4、5人で立ち上がってこないと。このままだとすたるだけ。ヤル気のある人には支援はいくらでもする」と強くエールを送っている。

若さに溢れ斬新な感覚の商人《あきんど》と、新しい発想の街づくりに期待したい。

【参考文献（主要なもの）】
岡山商工会議所会報（第77号）▽岡山商工会議所百年史▽岡山県商店街等実態調査報告書（岡山県中小企業団体中央会）▽岡山市商店会連合会創立40周年記念号「飛翔」▽岡山県商店街連合会創立15周年誌（瀬戸内海経済レポート別冊）▽岡山県共同店舗協議会創立20周年記念誌▽商業近代化地域計画報告書（商業近代化委員会岡山地域部会）▽岡山地域商業近代化地域計画報告書（岡山地域商業近代化委員会）▽続・ぼっこう横町（岡山日日新聞社）▽「おもて帖」表町商店街誕生４００年記念誌▽瀬戸内海経済レポート（写真・資料提供）▽他・新聞各紙

「白石踊」がはぐくむ「人と地域と共感の輪」

石津圭子

私は２０１２年から現在まで月１回、岡山県内の祭り（踊りなど民俗芸能を含む）を紹介する『岡山の祭り』という新聞広告企画の記事部分を担当している（企画・株式会社ビザビ）。これまで数々の祭りや踊りを調べてきた中で最も美しいと思う「白石踊」（笠岡市白石島）が２０２２年11月30日、日本国内24都府県41件の民俗芸能「風《ふ》流踊《りゅうおどり》」のひとつとして、国連教育科学文化機関（ユネスコ／本部・パリ）の「無形文化遺産」に登録された。そこで、改めて「白石踊」の魅力について深掘りしたいと思う。

ユネスコ無形文化遺産「風流踊」とは

文化庁ホームページ（bunka.go.jp）や文化遺産オンライン（bunka.nii.ac.jp）に掲載されている「提案概要」（資料）によると「風流

ひとつの輪に何種類もの踊りが調和する「白石踊」
（2016年に撮影）

踊」について、「華やかな、人目を惹く、という『風流』の精神を体現し、衣裳や持ちものに趣向をこらして、歌や笛、太鼓、鉦《かね》などに合わせて踊る民俗芸能。除災や死者供養、豊作祈願、雨乞いなど、安寧な暮らしを願う人々の祈りが込められている。祭礼や年中行事などの機会に地域の人々が世代を超えて参加する。それぞれの地域の歴史と風土を反映し、多彩な姿で今日まで続く風流踊は、地域の活力の源として大きな役割を果たしている」と紹介されている。登録された41件は、いずれも国指定重要無形民俗文化財。各地の歴史や風土に応じてさまざまな形で伝承されてきた盆踊や太鼓踊、念仏踊などで、保存会などが中心となり、伝承活動が盛んに行われていることも共通点だ。その中に、岡山県からは真庭市蒜山高原一帯に伝わる「大宮踊」と、瀬戸内海に浮かぶ笠岡諸島の白石島に伝わる「白石踊」が選択された。

ひとつの太鼓、ひとつの音頭に
多様な踊りが調和する祈りの舞

「白石踊」の踊りの特徴は、『白石踊伝承者養成テキスト』によると「『足が決まれば手が舞う』如き流れる様な踊り」と表現されているとおり、ゆったりと流れるような所作が古式ゆかしく優美であること。踊りそのものの完成度も高い。そのうえ、子どもの頃から長年踊り続けてきた踊り手たちのさりげない所作の美しさも魅力のひとつだと、私は思う。使用する楽器は太鼓1個のみ。穏やかな波音を背景に、ひとつの太鼓と、ひとつの音頭のみが夕景の浜に響きわたる、シンプルな音と壮大な自然の共鳴にも注目したい。そして、最大の特徴が、衣裳も振り付けも異なる多様な踊りがひとつの輪を成して躍動しながらめぐること。それぞれの踊りの所作はバラバラなのに不思議なほど融合し、渾然一体となって、まるで夕陽に染まる浜に押し寄せる瀬戸内の波のように、見る人の心をやさしく穏やかに包み込んでいく。このようにひとつの輪の中に多様な踊りが共存するという形式は、全国でも珍しい。離島という地理的環境が功を奏し、古い形式が変わらず受け継がれてきたのではないかとも考えられるが、それは定かではない。

現在、伝承されている踊りは、男踊、女踊、鉄砲踊、笠踊、奴踊、真影《まかげ》踊、娘踊（月見踊）、扇踊、二つ拍子、阿亀《おかめ》踊、梵天踊、大師踊、ブラブラ踊の全13種類（島外での公演などでは、13種類のうち約半数の踊りで構成されることが多い）。太鼓と音頭取りを取り囲むように、江戸時代のいろんな身分や年齢、立場の人々を表す衣裳（羽織姿の旦那さん、振袖姿は娘さん、家来を表す奴さん姿など）に身を包んだ踊り手たちが輪になって並ぶ。そして、先述のとおり、ひとつの太鼓を打ち鳴らす音と、ひとりの音頭取りの音頭（口説き・口説き唄）に合わせ、それぞれ手足の動きや所作の異なる踊りを舞うのだ。

若者の踊りは元気よく、壮年者の踊りは勇壮に、女性の踊りは手首をしなやかに動かす。中には、滑稽な表現で笑いを誘うような振り付けもある。男性の踊りを女性が踊ることもある。また、基本的には6拍子（西洋音楽の6拍子とは異なり6歩のふみ足を基礎と考える）なのだが、二つ拍子は倍の12拍子で舞う。複雑ではあるが巧妙な構成により、なぜかバラバラな印象は受けない。そして、全く異なる動きをしていた全員が、一定のタイミングで同時に手を合わせて祈る仕草をする瞬間にハッとさせられる。この祈りの仕草に「白石踊」のルーツが秘められている。

「白石踊」の起源は源平水島合戦

笠岡市白石島は、笠岡港の沖合約12キロ、周囲約10キロの島。笠岡諸島では2番目の大きさを誇る。見渡す限りの風景が瀬戸内海国立公園に含まれ、風光明媚。島の山頂が国の名勝にも指定されている美しい島だ。古墳時代や奈良時代の遺跡も多数残る。平安時代初期の大同元年（８０６年）には、空海（弘法大師）が唐の国

白石踊で踊られる踊りの種類（抜粋）。写真提供／笠岡市生涯学習課

男踊

女踊

娘踊（月見踊）

阿亀（おかめ）踊

笠踊

奴踊

二つ拍子

真影（まかげ）踊

鉄砲踊

（中国）から帰京する際、白石島に立ち寄って修行したと伝えられている。このようなことからも、白石島が古くから瀬戸内海の要衝だったことが伺える。

「白石踊」は、平安時代後期の寿永2年（1183年）、瀬戸内海に浮かぶ玉島乙島と柏島の海域（現在の倉敷市玉島港湾付近）で繰り広げられた「源平水島合戦」の戦死者の霊を弔うために始まったと言い伝えられている。「余りに壮絶な戦いで、笠岡諸島にも多くの戦死者の遺体が漂着したらしいです。だから、白石島には鎧武者の亡霊の話や人魂の話などもいっぱい残っています」と白石島

白石島富山地区の墓地内にひっそりと佇む供養塔。建立年代は未詳だが、源平水島合戦の死者を弔う供養塔だという説が伝えられている

弘法山 開龍寺　奥之院大師堂。大同元年(806年)、この花崗岩の巨石の下で空海が三七日の修行を行ったと伝えられている

島の山頂が国の名勝に指定されている白石島。トレッキングコースから白石島海水浴場を一望。富山地区の墓地も見える

公民館の天野正館長が教えてくださった。『白石踊伝承者養成テキスト』には、「怪異な現象が発生するので、戦死者の霊を弔うために」一基の供養塔が建立され、「その怨霊を永護霊神として（開龍寺の境内に）合祀した」と、島の言い伝えに基づく内容が記述されている（開龍寺は、空海が修行を行ったという場所に建つ真言宗の寺院。元暦元年、源平水島合戦の両氏戦没者の菩提を弔うため、「教海山慈眼寺《きょうかいさんじがんじ》」として開かれた。江戸時代、福山城主・水野氏の祈祷所として再建され「教海山開龍寺」と称す。現在は「弘法山開龍寺」）。これら数多くの伝承から、「白石踊」の「源平水島合戦」起源説は信憑性が高いと考えられている。

北前船がもたらした文化的影響を受けて少しずつ変化

今のような「白石踊」の原型が形成されたのは、各地で盆踊りが盛んに行われるようになった江戸時代初期、白石島が福山城主・水野氏の領地だった元禄年間ではないかと考えられている。その後、江戸時代中期から北前船が瀬戸内海を行き交うようになると、鞆の浦と下津井の中間に位置する白石島は風待ち潮待ちの寄港地となり、経済的にも文化的にも栄えた。北前船のもたらした影響により、「白石踊」は新しいものを取り入れて少しずつ進化したと思われる。

とりわけ音頭は江戸時代の間に発達した。最盛期には70種類近くあったと言われる。漁村の集落だった白石島では当時、音頭を文字で残してはこなかった。聞いて覚え、口で伝えていく間にも少しずつ変化し、さらに、いろんな文化と融合し洗練されて発展してきたのだろうと想像できる。現在、文字で残っている音頭は約20種類。代表的なものが『平家物語』の「那須与一」などの戦記物や、回向に通じる「賽の河原」などの物語、浄瑠璃本を題材にした「石童丸《いしどうまる》」「丹波与作」「山田の露」など。唄で物語を表現しているので音頭を聴くだけでも楽しめる。淡路島の南の沼島《ぬしま》や、兵庫県赤穂市の坂越《さごし》にも同じような音頭が残っていることから、関西方面で生まれた「兵庫口説き」が北前船などを通じて瀬戸内海近辺に伝わり、その影響を受けて成立したのではないかと考えられている。

山陽新報社主催「民謡舞踏大会」優勝を機に注目度高まる

「もともとは白石踊とは呼ばれておらず、島では『回向踊』と呼んでいました」と天野さん。「白石踊」は、先祖供養の盆踊として毎夏、月明かりのもと夜通し踊られていた。この盆踊の時には衣裳は身につけず、各自思い思いの服装で踊っていた。時代によっては仮装が盛んな時期もあったようだ。回向が目的ではあるけれど、島の人々にとって踊りは娯楽でもあった。一方、干ばつが続いた時には雨乞いのため一週間踊り続けられたこともあるそうだ。

こうして、「白石踊」は島の人々の間だけで長い間、受け継がれてきた。それが、世の人々に注目されるようになったきっかけは、昭和3年（1928年）の山陽新報社主催「民謡舞踏大会」。同大会に出場するため「白石踊り回向団」が結成された。同大会で第1位を受賞し、さらに、翌年も連続1位を受賞したことから活動が盛んになった。他に類を見ない踊りであることから、舞踊の研究者や大学生なども興味を持って島を訪れるようになった。さらに、全国各地の郷土芸能大会に岡山県代表として出場するようになり、昭和6年（1931年）に大阪で開催された「郷土芸能大会」では優勝。昭和9年（1934年）には「広島県選抜盆踊り競演大会」で農林大臣賞ならびに特選（大阪毎日新聞社賞）を受賞している。当時の踊り手の主体は地域の青年団に属していた若者たち。彼らが一生懸命、地域を盛り上げようと頑張り「白石踊」を全国レベルの芸能に高めていった。

戦災から復興を果たし「白石踊」は再び全国区へ

第二次世界大戦中には大会出場などの記録はないが、島の人々は回向のために踊り続けていたという。戦後、昭和23年（１９４８年）に「白石踊会」に改称されたのち、文部省主催昭和25年度芸術祭「第一回全国郷土芸能大会」に出演し、文部大臣奨励賞を受賞。「白石踊」は再び脚光を浴びた。同年の明治神宮鎮座30年祭で踊りを奉納。翌年には、三木行治岡山県知事を白石踊会会長に迎えた。そして、昭和30年（１９５５年）に島の観光協会がそれぞれの踊りの性格を考慮し、岡山県在住の日本画家・村川源之助氏に時代考証を依頼して衣裳を作成。昭和32年（１９５７年）、岡山県重要無形文化財に指定された。

「白石踊」が舞われる浜は、沙美海岸、渋川海岸と並ぶ岡山県三大海水浴場のひとつ、白石島海水浴場だ。昭和20年代後半から昭和30年代にかけて、日本の夏のレジャーと言えば誰もが「海水浴」と答えたほど、一大ブームが起きた。「あの頃、白石島のビーチは人でいっぱいに埋め尽くされるくらい賑わっていました」と天野さん。海水浴客をもてなすために「白石踊」が披露されていたという。

大きな転機は昭和45年（１９７０年）の日本万国博覧会（大阪万博）。「白石踊会」のメンバーは「岡山県の日」に出場しただけでなく、同博覧会「日本の祭り」に出場するため、総勢１００余人を伴って白石島から参加。大阪の晴れ舞台で6種類の踊りをそれぞれ踊り、最後に大きい輪を作って「白石踊」の醍醐味である多様な踊りが渾然一体となって調和するステージを披露し、好評を博した。そして、昭和46年（１９７１年）に文化庁より「記録作成等の措置を講ずべき無形文化財」に選択され、昭和51年（１９７６年）に国の重要無形民俗文化財に指定された。「現在のように白石踊が有名になった礎は、この時代の人たちがしっかり活動してくださったから」と天野さんは先人への感謝の念を忘れない。

核家族化、人口減少、担い手不足。危機感募る

ところが、島でも次第に核家族が増え、家庭内での伝承が難しくなり始めた。天野さんによると「島では赤ん坊の頃から、両親やおじいさん、おばあさんに抱っこされて、太鼓のリズムを感じながら踊りの輪に入っていっていました。お盆が近くなると、家の縁側で夕涼みしながら、家族みんなで子どもに踊って教えていたんです。それがだんだん難しくなって、40年ぐらい前から地元の小・中学校で白石踊を教えるようになりました」という。小学校低学年では娘踊と笠踊、高学年になると奴踊と扇踊など、段階を踏みながら、いろんな踊りを覚え、中学校を卒業する頃には、ほとんど全ての踊りができるようになった。島民の志と情熱でなんとか踊りは受け継がれてきた。

しかし、島の人口減少に歯止めはかからず、公演に参加する踊り手が賄えなくなってきた。さらに、児童・生徒数の減少も進み、島の小・中学校の休校が現実味を帯びてきた。そこで、新たに踊り手を育成するため平成29年（2017年）、「白石踊会笠岡支部」が発足。元島民や、笠岡市民を中心に新たな踊り手を集め、原則として月2回の定期練習会を笠岡市街で開くようにした。白石島から「白石踊会」の皆さんが参加し、踊り手の後継者を指導育成している。

コロナ禍による伝承の危機を乗り越えて若いパワーが結集

現在、島民全員が「白石踊会」（会長：河田裕善さん）に属し、踊りを愛し、受け継いでいるが、平成12年（2000年）に772人だった島の人口は、令和3年（2021年）には424人に減少。白石島小・中学校も休校になった。島の子どもたちは、陸地部の小・中学校にスクールボートで通っている。高齢化も進み、

担い手不足は、より深刻さを増してきた。そこへ拍車をかけたのが令和2年（2020年）からのコロナ禍だ。全国各地で祭りが中止となったように、「白石踊」も2年間、中止を余儀なくされた。定期練習会も一時期休止されたが、こちらはマスク着用や手指消毒の徹底などによって再開した。

そんな中、県内の高校（倉敷翠松高校、金光学園高校、笠岡高校、西備支援学校、矢掛高校、倉敷古城池高校、岡山大安寺中等教育学校、おかやま山陽高校、就実高校、創志学園高校）から集まった有志の生徒たちが「白石踊を次世代に伝えたい」と島にわたって白石踊を体験し、歴史や振り付けなどの研究を行う活動を展開。その内容を発表するため、「全国ボランティアアワード2022」に参加した。「白石踊会」は、コロナ禍以前から地域の高校生とのコラボレーションに積極的で、2019年には「白石踊」の継承活動に取り組んでいた金光学園高校の生徒が、「白石踊」を全国にPRするCGのバーチャルアイドル「白石舞《しらいしまい》」を発表する事業企画にも協力している。この挑戦は「岡山イノベーションコンテスト　高校生の部」大賞に輝いただけでなく、2023年度から全国の高校で使われている英語の教科書『Amity English Communication Ⅱ（開隆堂）』でも紹介されている。紙面のQRコードを読み込むと動画も見られる仕掛けだ。「白石踊」のデジタルデータ化、若い世代への広報活動など、高校生が参加することで民俗芸能の可能性はさらに大きく広がっていくということが実証されたと言っていいだろう。

広がり続ける「白石踊」の輪

令和5年5月20日、「白石踊会笠岡支部（支部長・原田治夫さん）」が市中心部の笠岡市中央公民館で開いている「白石踊定期練習会」を見学させていただいた。毎回、練習会には中学生から80代まで、津山や岡山、福山など遠方からの参加者も含めて市内外から30～40人の参加があるそうだ。ちなみに、この日の参加者は51

人。常連の参加者に加え、初めて参加した親子、地域と連携した「探究活動」に取り組む倉敷翠松高校の生徒たちなど若い世代が多く、会場は活気に満ちていた。さらに、この夏の「白石踊鑑賞&体験ツアー」に向けて練習そのものにも熱が入っていた。島では毎年7月に、一般人や観光客など100人を集めて「白石踊」に参加できる同ツアーを実施している。

練習会の前半では、全ての踊りの基本所作として「ブラブラ踊」を練習。その後、後半では、扇踊や笠踊、奴踊など各人が習得したい踊りを「白石踊会」の熟練メンバーに指導を受けていた。

この日、岡山市から初めて参加したという女性は「最初は難しいと思ったけれど、弔いの踊りだから手は叩かないとか、動きの意味がわかると踊りやすくなりました。より感慨も深まります」と話してくれた。福山市から祖母と一緒に参加していた、この日の最年少参加者の中川花凰さん（12歳）は「小学生の頃から祖母と一緒に参加していま す。月見踊を覚えたので、いまは扇踊を覚えています。すごく楽しい！」と笑顔で答えてくれた。また、倉敷翠松高校の生徒たちは、「慣れない動きだから難しかったけれど、できるようになるとかっこいい！」など、口々に「かっこいい！」と称賛していたのが印象に残った。

「白石踊」の場合、「ブラブラ踊」のように、始めたその

練習会で歯切れの良い太鼓を響かせる白石島公民館の天野正館長

倉敷翠松高校の生徒たちに笠踊を指導する白石踊会の河田裕善会長

日にすぐ踊れる簡単な踊りもあれば、段階的な所作の習得や熟練が必要な難しい踊りもあるため、上手な先輩や大人たちへの憧れの気持ちの醸成に役立っていると感じた。一方、指導している大人たちはどうかというと「どうにかして伝授しなければ」という必死さはなく、「とにかく楽しいから参加しているんです」「太鼓の音を聴くと居ても立っても居られない」と自分たちが率先して楽しんでいる。楽しむ姿を見せることも大切なのだ。「ここに来れば楽しい」「受け入れてもらえる」という安心感があるのは、地域に受け継がれた踊りには、人々の団結を促し、コミュニティへの帰属意識をもたらすなど社会的価値があるからだろう。一方、練習会は高齢の踊り手たちの元気の源にもなっている。

「白石踊会笠岡支部」の定期練習会は原則として月2回。笠岡市役所近くの笠岡市中央公民館で行われる。一般の人も参加できる

島の宝「白石踊」は世界の宝へ

「白石踊鑑賞&体験ツアー」には外国からのお客様も多く訪れる。「外国の皆さんは、すぐ踊りの輪に入って楽しんでおられますよ」と天野さん。島の人々もおおらかで、何でも受け入れる性格なのですぐに打ち解けるそうだ。一方、毎年8月13日から16日は、島民らの盆踊り。白石島公民館前に島の住民みんなが普段着で集まってヤグラを囲み、輪になって踊る。最終日、お盆の明けの日である8月16日は、白石島西ノ浦海水浴場にて午後7時より「灯籠流し」が行われ、「白石踊」を奉納。先祖の霊を送り、島の盆が終わる。「白石踊」は指導者も後継者も育っているように思えるが、音頭取りの育成など、まだ課題は山積だという。

文化庁の「提案概要」に「風流踊は、地域の活力の源として大きな役割を果たしている」とあるように、「白石踊」をはじめ、地域に根強く受け継がれた祭りや民俗芸能は人々の精神的な基盤となる。人のつながりも大いにはぐくまれる。文化的な価値だけでなく、災害や新型コロナのような危機的状況など、人々が困難を克服するためにも必要不可欠だ。「白石踊」は島の宝ではあるが、もっと多くの岡山県民にも体験してほしいものだ。

また、「無形文化遺産」に登録されたことで今後、海外からのお客様もきっと増加することだろう。人種、国境、民族、性別、考え方など、いろんな違いがあっても、ひとつの輪になって「白石踊」を踊ることで、戦争で亡くなった人を偲び弔うという回向の祈りも世界の人々に受け継がれていくことを私は期待している。同じひとつの空と海でつながっている私たちは、無益な争いではなく、互いに互いを慈しみながら生きていく道を選ぶことができるはずだから。

【取材協力】白石踊会・白石踊会笠岡支部・笠岡市生涯学習課・弘法山開龍寺・倉敷翠松高校

〝広島壊滅〟の第一報はNHK岡山放送局が東京に中継した

―昭和6年開局、国内最古の放送遺産―

赤井克己

「岡山市中区赤坂台のＮＨＫ（日本放送協会）旧岡山局舎は、90年前の開局時外観を残す稀有な建造物。岡山に初めて放送という文化を持ち込んだ記念碑的施設でもあり、保存にもっと関心を持とう」。今年（２０２３）３月、同市内で開かれた郷土史研究者のある集いでこの講演を聴いた。私は同局舎の遺産価値を知らず忸怩《じくじ》たる思いだった。

一方、同局は「広島は新型爆弾一発で壊滅」という同盟通信社（現共同通信社と時事通信社の前身）広島支社記者の第一報を受信。本社に転送を依頼され〝広島壊滅〟を真っ先に東京に通報したことで知られる。だが郷土史通を自認する出席者のほとんどは初耳のようで、世代ギャップを痛感した。私は旧岡山放送局のこの歴史的事実こそ語り継ぐべき価値があると思う。５月に被爆地広島で開催されたG7サミットでも、〝核なき世界を目ざす〟ことが強調された。

元NHKディレクター村上裕康氏

◆初代岡山放送局舎の遺産価値

岡山局舎の価値を訴えたのは、令和３（２０２１）年３月末まで同局

ディレクターだった村上裕康氏。定年直前の同年2月、開局90年記念番組を取材したとき、この局舎の存在を知った。リタイア後さらに調べると、創業時の面影をこれほど残している放送局舎は国内にないことが分かり、保存の必要を痛感したという。

日本のラジオ放送は、大正14（1925）年3月22日、東京・芝浦の東京高等工芸学校（現東京工業大附属科学技術高校）の図書室に設置された仮設スタジオで始まった。「JOAK、JOAK、こちらは東京放送局であります」。ラジオ放送開始を告げる有名なせりふはこの時ここで発せられた。同年中には大阪、名古屋でも開局、昭和3（1928）年までに札幌、仙台、広島、熊本の各市でも放送開始した。

これらの局は出力10kw以上の大電力放送局で、のち「中央放送局」と呼ばれる拠点局。同5（1930）年からは出力0・2～0・5kwの小電力放送局の新設がスタート。岡山局は金沢、福岡に続いて翌6年2月1日、10番目の局JOKKとして岡山・赤坂台の現在地に開局した。当時の正式名称は日本放送協会関西支部岡山支所岡山放送局、従業員15人。放送法に基づく特殊法人日本放送協会は昭和25（1950）年の設立、略称をNHKに決めた。

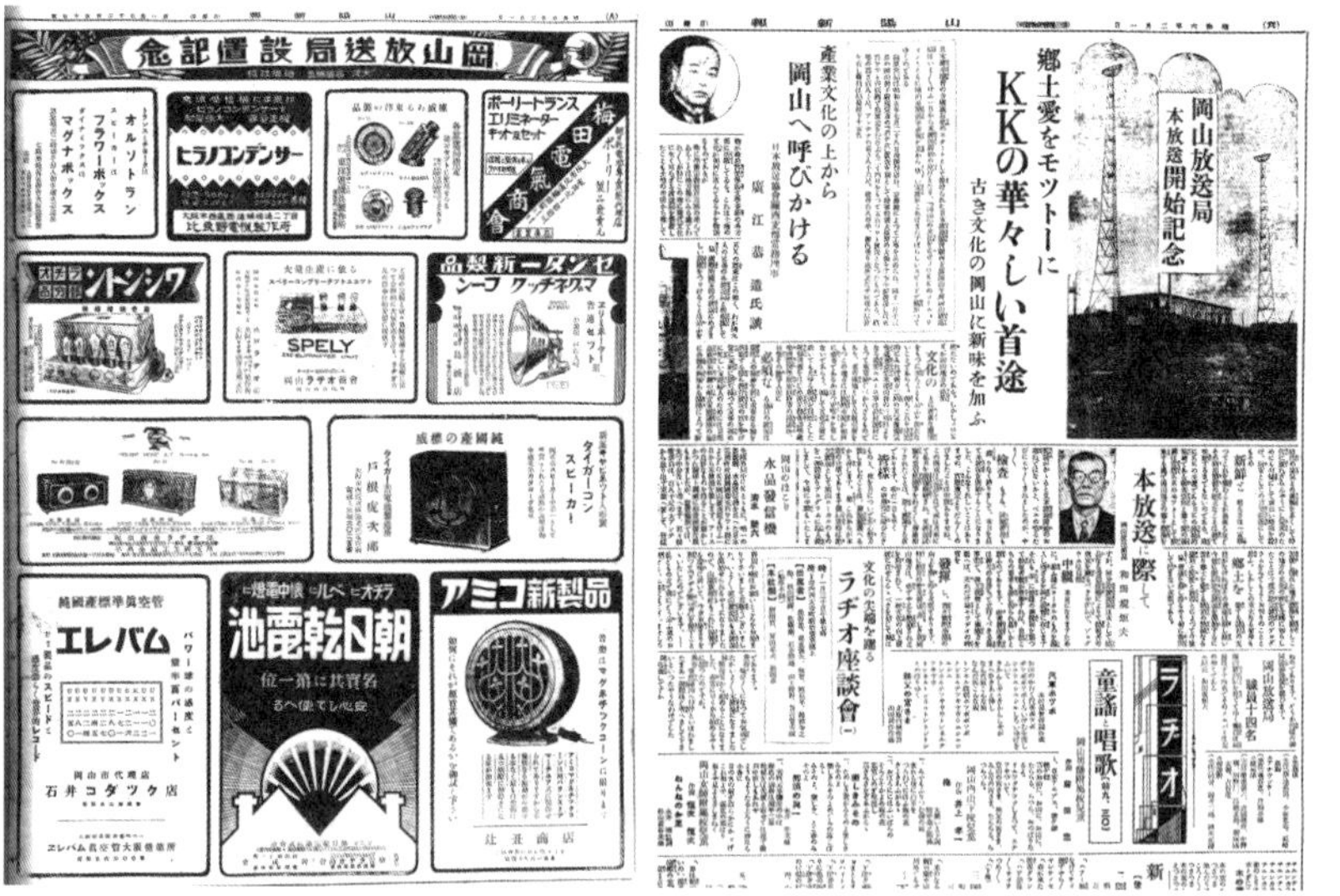

岡山放送局開局を祝う山陽新報の記事（右）と広告特集（左）

◆地元紙は岡山局開局を歓迎

地元紙山陽新報（現山陽新聞）は岡山放送局開局について歓迎ムードいっぱいの紙面を展開した。開局日の2月1日付紙面は「郷土愛をモットーにＫＫの華々しい首途《かどで》」「古き文化の岡山に新味を加ふ」と報じ、放送協会幹部の祝辞のほか、岡山局長の決意表明、この日の開局記念プログラム、座談会などで1ページを埋め、別面には開局を祝う地元企業12社の1ページ全面広告もある。3日付には再び開局1ページ特集。「東に東山の丘陵があるものの、立地場所は標高20メートルで上等な適地」と大阪局幹部が立地の良さをほめ、開局座談会、番組紹介などで埋めている。

当初、放送局は「演奏」と「放送」の二つの機能だけで「報道」機能はなかった。「演奏」は交通至便の市中心部にスタジオを設け、「放送」は電波が遠方まで届く郊外に放送所を設置するのが通例だった。丘陵に設置された岡山局は、高さ50メートルの鉄塔を局舎脇に2基据え、スタジオの音声はその場で電波に乗せた。村上氏は「岡山局はその遺産価値だけでなく、『演放一体』の局舎でもあった。もっと関心を深めていただきたい」と力を込めた。

のち岡山局はテレビの普及に伴い、昭和36（１９６１）年同市北区丸の内に放送会館を新築移転、ラジオ放送所は児島郡藤田村（現岡山市南区藤田）に、テレビ放送所は児島半島の金甲山頂（標高４０３メートル）に新設した。平成17（２００５）年には岡山駅西口のリットシティビル（同市北区駅元町）に再移転、現在に至っている。

◆旧放送局舎の現状は

岡山放送局が市内丸の内に移転後、旧局舎は岡山市に譲渡され「青年の家」別館として研修などに活用されてきた。平成20（２００８）年3月老朽化が進んだため閉鎖、年間数回、会合などに利用していた地元町内会も現在は中止している。建物を管理する岡山市地域子育て支援課は「近年は劣化が一層進み、危険なためやむを得ず利用を控えてもらっている。雨漏りもするし、耐震診断も実施してなく今後の計画は未定」という。

村上氏によると「所有者が代わったのだから当然のことだが、内部は著しく改装されている」そうだ。「放送機室」は「調理実習室」に、「局長室」は「子供室」になり、玄関脇には「浴室」が設けられているという。

しかし「外観は開局時と変わらず、平屋建て（間口28メートル、奥行き12メートル）構造や、スタジオ特有の縦長三重の出窓は当時のまま。スタジオの天井を高くするため約20センチ段差をつけた屋根など創業時の珍しい構造が残っており、国内ほかの放送局舎にはない貴重な遺産」と強調する。

開局当時の外観を残す旧岡山放送局舎

スタジオの天井を高くするために屋根に設けられた段差

縦長の出窓は三重構造で静かさを保つ工夫がされている

私事だが、昭和24（1949）年旧赤磐郡瀬戸町万富中学3年のとき、学級ぐるみ約60人が社会科の勉強で岡山放送局を見学した。当時は道路、交通事情はよくなく、貸切りバスなど縁遠い話。山陽線万富駅―岡山駅間約20キロは汽車に乗り、岡山駅から放送局までの往路はすべて徒歩。午前に天満屋（現岡山市北区表町）で開催中の日展を鑑賞、後楽園で持参の弁当を食べた後、岡山局を訪れた。帰路は岡山駅まで市内電車に乗ったように思う。

村上氏の講演でスタジオの天井が異常に高かったこと、また窓には緞帳のような分厚いカーテンが掛けられ、静寂を保つ配慮がされていた記憶がよみがえった。放送局での説明はあまり覚えていないが、同級生みんなが驚き喜んだのは、大豆をすべり台状の紙の上にばらまいて雨音を再現するなど擬音《ぎおん》装置の数々だった。

◆原爆投下直後の惨状を伝えた同盟通信中村記者

広島市に原爆投下後の惨状は多数のマスコミが伝えたが、地元中国新聞と広島中央放送局が断然抜きんでている。この両社が資料提供で協力、ＮＨＫ出版㈱が責任編集した『ヒロシマはどう記録されたか』（２００３年）は、８月６日の地獄図を４００ページ弱にわたって詳述、他社の追随を許さない。

同書によると、原爆投下で広島30万市民が死傷、ほとんどの建造物は倒壊、焼失した。中心部の中国新聞社と広島局も例外でなく、放送局はスタジオが吹き飛びラジオ放送はたちまち中断、新聞社は輪転機が焼失し印刷不能になった。

やがて大やけどで皮膚が垂れ下がり、幽鬼のように

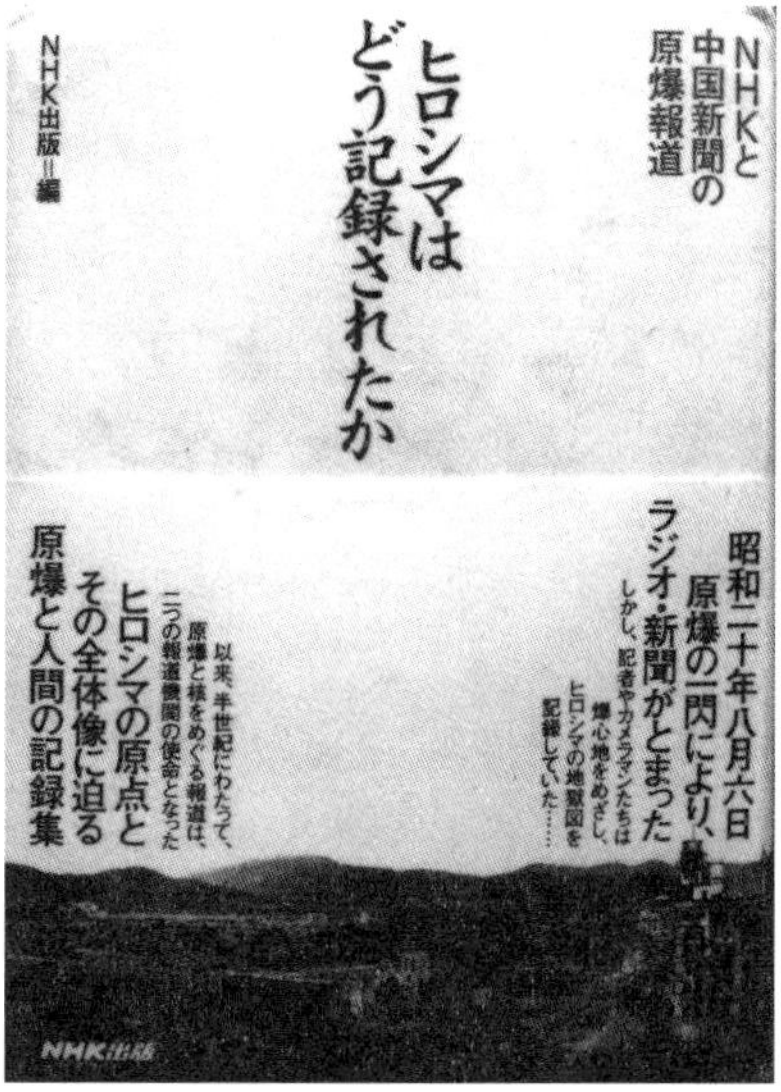

『ヒロシマはどう記録されたか』は原爆投下直後の惨状を詳細に伝える

なった多数の市民は、残り火がくすぶり、焼死体があちこちに転がる市中を、水を求めてあてもなくさまよい始めた。まさに地獄図である。一方この時、使命感から焦土化した市内に入った報道関係者も少なからずいた。同盟通信広島支社中村敏記者もその一人である。

中村記者は同支社編集部長で2カ月前に単身赴任したばかり。市中心部に下宿していたが、被爆前日の8月5日、汚れたワイシャツの洗濯をしてもらうため、郊外の楽々園（現広島市佐伯区）近くの部下夫婦宅に泊っていたため命拾いをした。

翌朝一緒に食事中、（当時カメラマンが写真撮影に使っていた）マグネシウムを大量に使用したような強烈な閃光と同時に、大音響で窓ガラスが粉々に四散した。驚いて外に出ると「広島上空に真っ黒な煙がもくもくと3000～4000メートルも立ちのぼり、地上では炎が燃え広がっていた」のを目撃した。

◆広島壊滅の第一報は岡山放送局経由で伝えられた

中村記者はすぐさま自転車に非常用無線機をくくり付け、市内の職場を目指した。しばらく行くと、晴れていた空はにわかに曇って雨雲が低く垂れ下がり、あっという間に烈風を伴う豪雨が吹きつけた。大粒のどす黒い雨だ。風はさらに強まり自転車が全く進まないほどの強風に変わり、無線機とわが身を強風と雨から守りながら25分ばかり過ごすと、うそのような晴天になった。

あらためて広島市を遠望すると、火の勢いは強く、同盟通信が入居している中国新聞社も大被害を受けているに違いないと判断。市中心部から北東約5キロの原放送所（現広島市安佐南区祇園町）を目指した。

同所は万一の場合の緊急集合場所に指定されていた。到着したのは昼過ぎ（時間については諸説あり）、すでに先着の部下2人と広島放送局の技術員がいた。協力し合って電話をかけ回り、やっと岡山放送局に連絡できた。

「6日午前8時16分ごろ、敵の大型機1機ないし2機、広島上空に飛来し、特殊爆弾を投下、広島市は全滅した。死者およそ17万人の損害を受けた」。中村記者が岡山局に同盟通信岡山支局経由で同盟本社（東京）に送って欲しいと依頼した原稿の全文である。

同盟岡山支局は合同新聞社（現山陽新聞社）に同居していたが、1カ月以上前の6月29日、岡山空襲で新聞社とともに焼失。岡山県庁が焼け残った内山下小学校（当時）に仮住まいしており、同盟岡山もその一室を借用していた。広島からの同盟原稿を受信した岡山放送局の技術員三宅昭氏は、直ちに同盟岡山に転送、さらに東京本社に送信したとされる。この第一報を受け取った本社は、「1発や2発の新型爆弾で広島が壊滅するはずがない。誤報ではないか」としてすぐには大本営に届けず、広島局に確認しようとしたが、壊滅した同局に通じることはなかった。

同盟通信は終戦後まもなく解散した。岡山経由で届けられた原爆第一報を同社はどのように社内で検討したか知るすべはなかった。本稿執筆を機に、中国新聞、日本放送協会など当時の状況を記述した書籍を再調査した。『ヒロシマはどう記録されたか』には巷間流布されている前述の「1発や2発の新型爆弾で広島が壊滅するはずがない」と、受信した同盟本社の担当者が半信半疑だったと記述。また同書によると、広島市上流川町にある放送局の二つのスタジオは爆風で壊滅。技術部の職員数人が原送信所にかけつけ、近隣局に電話をかけまくり、岡山局と通話が可能なことを突きとめた。同局もここを緊急避難所に指定していたのだ。同盟通信中村記者も前後して到着したという。『NHK岡山放送局の歩

同盟通信社の内情を綿密に取材した『国策通信社同盟の興亡』

み』（2005）にも岡山局が東京に同盟通信の原稿を中継したという短い記述がある。

◆判明した同盟本社の対応

解散した同盟通信は終戦時、中国大陸に1000人、南方700人を含め総数5500人を抱える巨大国策通信社。解散後に旧社員有志が通信社史刊行会を発足させ、10年の歳月をかけて昭和33（1958）年に『通信社史』を刊行した。内容には自画自賛もあり、評価が分かれていることは知っていた。近年出版された改訂版『証言通信社史』（2021）は「現場の生の声を収録し、歴史的価値は大きい」とも聞いたが、読みたいという意欲がわかなかった。

偶然、通信社全般について造詣が深い元共同通信記者鳥居英晴氏の大作『国策通信社同盟の興亡』（774ジペー）が平成26（2014）年出版されていることを知った。同書の第四部「敗戦と同盟解散」を熟読。同盟通信広島発岡山放送局経由の〝広島壊滅〟の第一報は、東京本社に届いていることが確認できた。

同社幹部の長谷川才次海外局長（のち時事通信社長）は8月6日夜、通信部の担当者らが「広島支社からの報告は腑に落ちない。一機や二機で広島の大半がやられたのは理解しがたい」「電話連絡の途中で内容をはき違えたのだろう」と話し合っていたのを目撃している。これは中国新聞がいち早く『ヒロシマはどう記録されたか』で報じた同盟通信社内のようすを裏付ける。長谷川局長らは、この時すでに外電傍受で広島原爆投下を知っていた。

同社は翌朝、UPやロイター電を引用して「8月7日午前10時10分、トルーマン米大統領は原子爆弾を6日広島に投下したと報じた」と間接的な表現で発表。また大本営も7日午後3時30分、「昨8月6日広島は敵ビー29少数機の攻撃により相当の被害を生じたり」「敵は右攻撃に新型爆弾を使用せるものの如きも詳細は目下調査中なり」とだけ発表したが、広島壊滅はこの時点で日本中に広まった。

合同新聞が大本営発表の「広島に新型爆弾投下」を報道したのは8月9日付。当時の新聞は紙不足でわずか2ページだったが、一面の半分を「昨8月6日敵機ビー29の少数が広島市に新型爆弾を投下、わが無辜《むこ》の民衆を殺戮《さつりく》せんとする米国民の残忍性を自ら世界に向かって公示した」という分かりにくい声明を掲載している。

現在に目を転じると、ロシアは昨年3月ウクライナ侵攻後、核兵器の使用も辞さない態度をちらつかせている。「核兵器の使用を許すな」は人類共通の願い。広島、長崎の地獄図の再現を許してはならない。今年5月被爆地広島で開かれたG7サミットでは、ロシアのウクライナ侵攻に対する支援の増強が確認され、また原爆資料館を訪ねた各国首脳らは、「核兵器のない世界」への決意を改めて示し、核軍縮に焦点を当てた「広島ビジョン」も発表された。核兵器廃絶を目指す機運は一層高まった。

NHK旧岡山局舎は、広島、岡山の報道関係者が原爆の惨状速報に努めた舞台である。岡山市は近年「歴史案内看板整備事業（「岡山歴史の道しるべ」）を市内各地で進めているが、赤坂台の旧岡山放送局舎跡は、広島

合同新聞
新型爆彈を使用
敵少數機廣島市攻擊
戰局の現狀に焦慮し
非人道新兵器を使用
中國へ六十八機
補給に多大の苦惱
東印度

合同新聞が広島の惨状を伝えたのは8月9日付、大本営発表による

の惨禍と不屈の記者魂を語り伝える場所である。この歴史的事実を証言するモニュメントとして最適の場所ではないか。

参考文献
ＮＨＫ出版編『ヒロシマはどう記録されたか』
鳥居英晴著『国策通信社同盟の興亡』（花伝社）
岡山シティミュージアム編『岡山びと15号』
赤井克己著『続岡山雑学ノート』（吉備人出版）

父の死が導いたｉＰＳ細胞研究者への道
— 神戸大１２０周年式典で山中伸弥教授講演 —

赤井克己

「クリスマス寒波が北日本を襲い積雪で国道が大渋滞」と報じられた令和４年（２０２２）12月25日、阪神地方は晴れ。この日神戸大学創立１２０周年記念式典が神戸ポートピアホテル（神戸市中央区港島中町）で開かれ、大学ゆかりの関係者や卒業生ら約６００人が全国から参集した。光栄なことに私も招かれ（岡山県から３人）母校の歴史と伝統に改めて思いをはせた。ノーベル医学生理学賞受賞（２０１２）の神戸大ＯＢ・山中伸弥京都大教授（現京都大ｉＰＳ細胞研究所名誉所長）の記念講演を拝聴、至福のひと時を過ごした。

◆ｉＰＳ細胞でノーベル賞受賞

式典前半はお定まりの祝辞のオンパレード、後半に山中教授の講演があった。テーマは「ｉＰＳ細胞　進捗と今後の展望」。私は88歳の後期高齢者で医学は全くの門外漢。「理解できないかも？」と案じた

120周年式典に岡山県からの招待者は3人と知り、受付脇でパチリ

が杞憂《きゆう》に過ぎなかった。

山中教授は「医学研究の道に入ったのは早すぎた父の死がきっかけ。研究者としてiPS細胞を作り出すまでの道のりは長く、紆余曲折《うよきょくせつ》もあったが、周辺みんなの協力で達成できた」と、研究一筋の苦労を振り返りながら最新の生命科学を分かりやすく解説。多数の聴衆も熱心に聞き入っていた（講演内容は参考文献から一部引用、加筆した）。

同教授は平成16年（2004）8月、マウスの皮膚からとったES細胞（胚性幹細胞）に遺伝子を植えつけて全く新しい細胞の作製（初期化）に成功した。受精後数日の卵細胞から取り出した遺伝子を培養し、組織や臓器などをつくる従来の手法とは全く異なり、「まさに革命的手法」と世界中の学者を驚かせ一躍脚光を浴びた。米留学から帰国後、奈良先端科学技術大学院大学（奈良県生駒市）を経て京都大再生医科学研究所に移ってまもなくのころだ。

この細胞は〝Induced Pluripotent Stem Cell〟（略称iPS細胞）と名付けられた。人為的につくられた多くの能力を持つ幹細胞の意味で、「人工多能性幹細胞」と訳される。最初の文字を小文字にしたのは、当時人気のあったiPODなどにあやかったという。

翌年（2005）7月にはさらにヒトの細胞で初期化に成功した。ヒトの遺伝子は3万個弱あるといわれ、このうちの半数は全く未解明。この中から4個の遺伝子を見つけ出すのは根気のいる作業だったが、教授とスタッフは辛抱強く研究を続け、遂に〝山中因子〟と呼ばれる4遺伝子を見つけ出し、初期化に成功した。

この結果「治癒不可能とされた難病に希望の光をともした画期的な研究」と世界中から絶賛され、平成24（2012）年に文化勲章受章とノーベル医学生理学賞を受賞した。現在では各国多数の研究者がこの分野に参入、難病の原因究明や新薬の開発に携わっている。

◆医学研究者として歩んだ道

山中教授は昭和37（1962）年大阪府東大阪市に生まれ、中高一貫の大阪教育大付属天王寺高校から神戸大医学部に進んだ。京都大医学部OBと誤解している人もいるが、同62（1987）年に神戸大医学部を卒業している。

講演冒頭で「医学部時代はラグビーに熱中した。病院周辺には練習する場所がなく、本部などがある六甲台のグラウンドで毎日のように汗を流していた。ちょっと破天荒な医学生だったかも」と振り返り、「この6年間に心身を鍛えたことが、後年の自由な研究態度に結び付いた」と医学生時代を懐かしんだ。

中高時代は柔道ひと筋で、中2で初段、高2の時2段に昇段した。中高6年間の柔道仲間に自民党世耕弘成参議院議員（現同党参院幹事長）がいる。妻知佳さんも同級生。現在はジョギングで健康維持に努め、時々フルマラソンに出場することは知られる。

中学生の時、町工場を経営する父が仕事中に怪我し、輸血が原因で肝炎になり、効果的な治療法が分からないまま肝硬変に悪化した。その父が病床で「家業は継がなくてもよい。医者になったらどうか」と言ってくれ、神戸大医学部に進学した。

「医学部卒業翌年の同63（1988）年父は58歳で他界した。医者になりながら看病らしいことができず、また死後C型肝炎ウイルスが原因であることも判明。病名さえ突きとめていたら助かったかも……。

山中教授はIPS細胞初期化の成功は優秀な部下のおかげと謙虚だった（神戸大提供）

今でも残念」と悔しがり、「父の死をきっかけに臨床医ではなく研究者の道を選んだ」と打ち明けた。

神戸大医学部から大阪市立大大学院医学研究科終了（博士）後、米サンフランシスコのグラッドストーン研究所に3年半留学、医学研究者としてさまざまな先端医学を学んだ。この時、がん抑制に効果があると思われる遺伝子を見つけたが、帰国時期が迫っていた。

平成9（1997）年、後ろ髪を引かれる思いで故郷に帰った。しかし〝PAD〟(Post American Depression)、日本名で〝アメリカ後うつ病〟という無気力症状に悩まされたという。「アメリカで研究を続けたマウスES細胞の将来に突然自信を失い、もう研究を止めようかと思うほど落ち込んだ」「帰国後こんな症状を訴えた友人はほかにもいるが、病名を知っている人はこの会場にもいないはずだ。私が自分につけた病名だから」と会場の雰囲気を和ませながら話を進めた。

◆iPS細胞研究の本格化

幸いなことに、滞米中のマウスES細胞研究が奈良先端科学技術大学院大学に認められ、助教授として採用された（のち教授に）。37歳、自分の研究室や部下が持てるという。なんという幸運！ 天に感謝、PADはとっくに治っていた。

数年後、京都大再生医科学研究所に移り、平成22年（2010）年にマウスからiPS細胞、翌年にはヒトからもiPS細胞をつくりだす画期的な成果（初期化）を挙げたが、「これらすべての研究成果は周辺みんなの支援と協力のたまもの」と謙遜した。「iPS細胞の成功は、奈良でともに研究し助けてくれた若いスタッフ3人のお蔭」とそれぞれの顔写真をスライドで紹介したのには驚いた。講演の端々にも謙虚な人柄がにじんでいたが、成功はすべて部下の手柄と褒め、一言も自慢話はなかった。演壇の教授はスクリーンと客席に交互に視線を投げながら終始にこやかだった。

前述のようにヒトの受精卵からＥＳ細胞がつくれることは知られていたが、倫理的な観点から実用化に反対論も強く、拒絶反応の懸念もあった。これに対し山中教授は「ヒトの皮膚から作り出した細胞をタイムスリップさせ、受精卵に近い状態の初期化はできないか」という逆転の発想に着目、試行錯誤を繰り返し遂に成功、ノーベル賞受賞につながった。

この後京都大はｉＰＳ細胞研究所（地上６階、地下は１階）を新築。山中教授は約２００人の研究員を統率する所長に就任した。昨年（２０２１）名誉所長に。

◆今後ｉＰＳ細胞に期待されるもの

これからのｉＰＳ細胞は２つの大きな役割が期待されるという。「再生医療」と「新薬の開発」である。

ｉＰＳ細胞は今では血液からつくられることが多く、日赤と協力して臨床試験などが効果的に行われる。試験管１本程度の血液からｉＰＳ細胞をつくると、受精卵と同じようにどんどん増殖、その後神経、筋肉、心臓、肝臓などの細胞をつくることが可能な

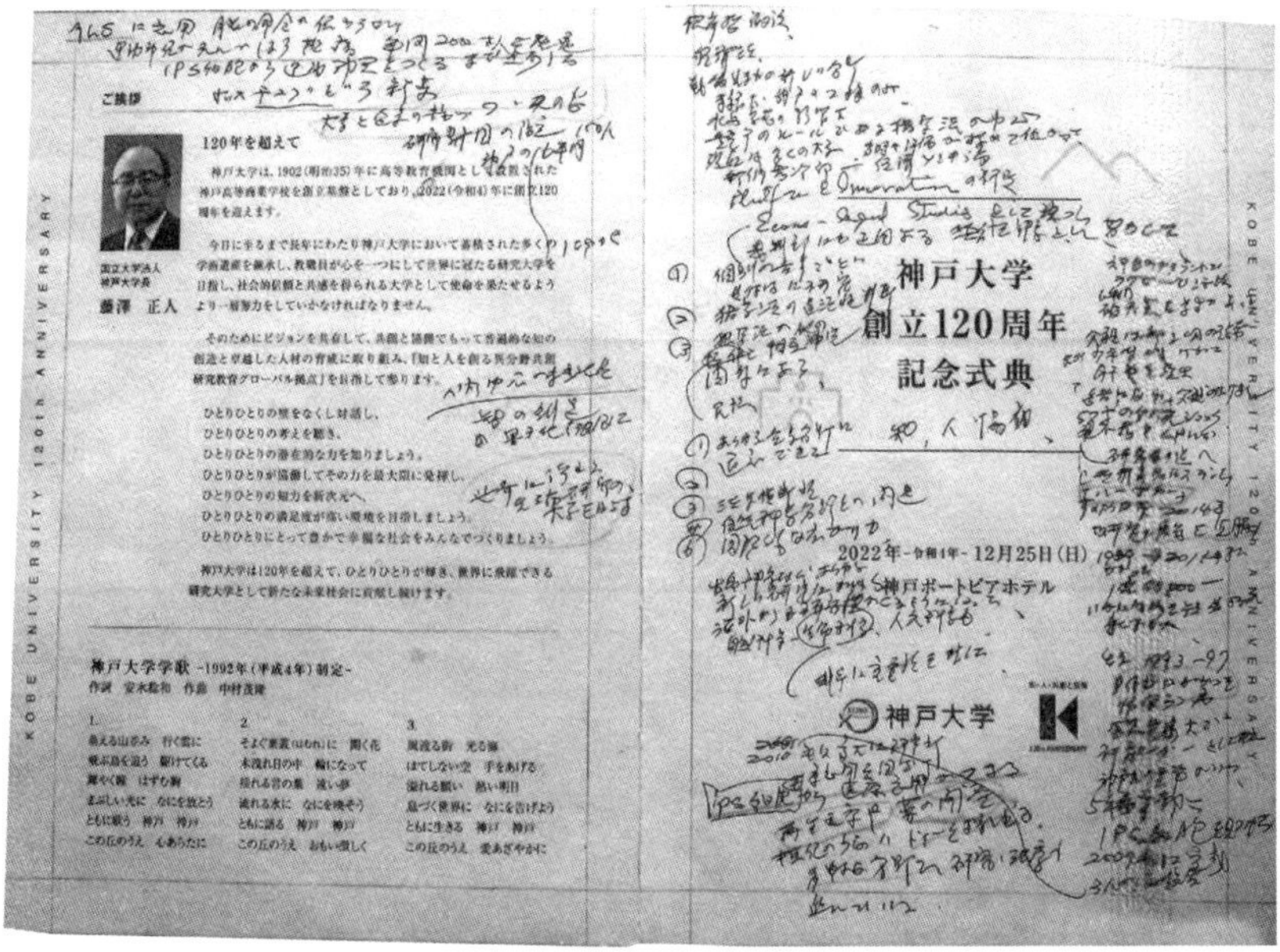

講演当日メモ帳代わりに式典プログラムの表裏に書きまくった講演要旨。失礼お許しを

段階に分化する。これが〝革命的発見〟と絶賛されるゆえんである。

山中教授は「再生医療と創薬に向けて世界各国で盛んにiPS細胞の実用化研究が行われ、臨床の場に届けられている。マラソンでいうと後半の段階だ。難病であったALS（筋萎縮性側索硬化症）も運動神経を再生するところまでこぎつけた。5年以内にはもっと実用化が進むのではないか」とする一方では、「研究機関の大学と新薬を実用化する製薬企業の間には、越えがたい〝死の谷〟というギャップがある。これを埋めて新薬の開発ができやすい環境づくりが必要。京大・iPS細胞研究財団をつくったのもこのためだ」と強調、「神戸大も人材育成に協力を」と訴えた。

◆神戸大学120年の歩み

神戸大学は明治35（1902）年開校の官立神戸高等商業学校に始まる。戦後の昭和24（1949）年、国立学校設置法により兵庫県内の神戸経済大、姫路高等学校、神戸工業専門学校、兵庫師範学校などを統合、経済学部、経営学部、法学部、文理学部、工学部、教育学部の6学部を持つ新制神戸大学が誕生した。本館、人文社会系図書館、兼松記念館、講堂、武道場は登録有形文化財で、いずれも1930年代の建物。

1960年代に分散する校舎の六甲台統合が進められ、また同39（1964）年には兵庫県立医科大、同41（1966）年には兵庫農科大が国立移管され、それぞれ医学部、農学部として発足した。平成15（2003）年には神戸商船大を統合、海事科学部が設置された。

神戸大本部のある六甲台キャンパスは10学部、15大学院研究科の拠点（神戸大提供）

昭和56（1981）年以降大学院の充実に努め、現在は10学部、15大学院研究科を持つわが国屈指の総合大学に成長した。教員数は1550人余、学生数1万7200人弱、職員数2500人余。異分野共創でグローバルに活躍する研究教育機関を目指している。

平成23（2011）年4月、ポートアイランドに産官学連携の大学中核機関として「統合研究拠点」（Integrated Research Center of Kobe University）を設置。令和2（2020）年には国際がん医療・研究センターで現学長の藤澤正人教授が国産初の手術支援ロボット「hinotori」を使用した腹腔《ふくくう》鏡手術に成功。以後付属病院全体で87件の前立性がんを手術した。同4（2022）年10月には子宮体がん手術も世界で初めて成功。現在は第5世代移動通信システム（5G）を使用した遠隔手術に向けた研究を進め、高く評価されている（山陽新聞によると、岡山県下で「hinotori」を使った手術は、令和5（2023）年3月9日、岡山中央病院で前立腺がん全摘出が初めて）。

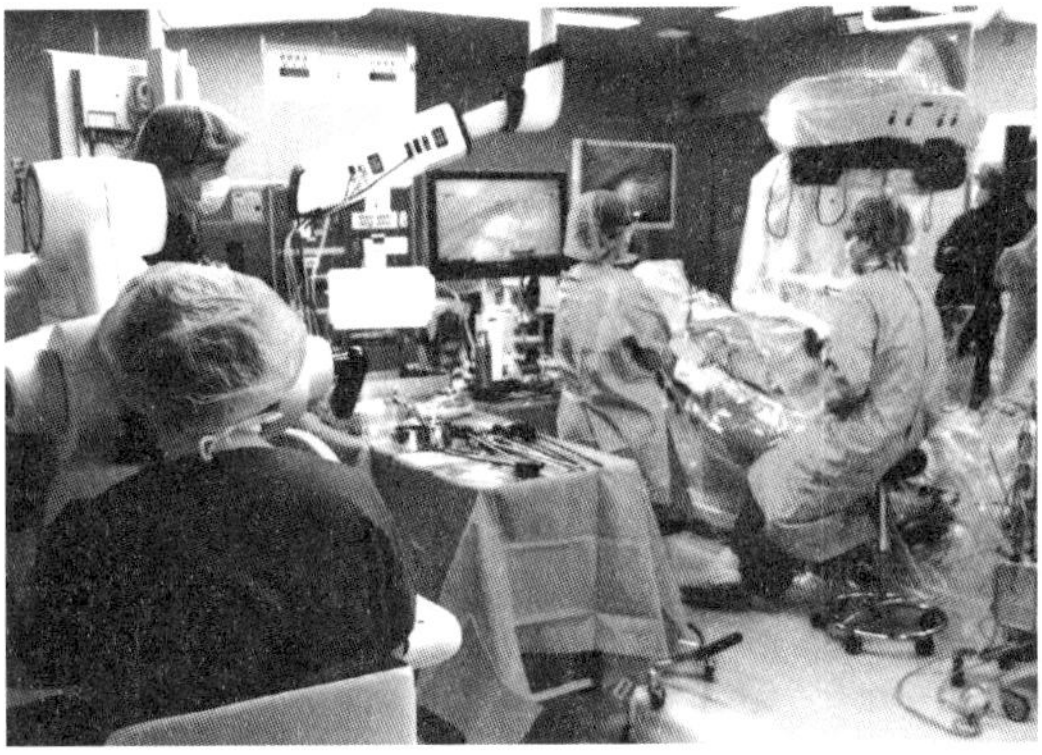

がん研究の先端をゆく神戸大国際がん医療・研究センター
（神戸大提供）

ポートアイランドは、六甲山地の土砂を埋め立てて神戸港内に造成された人工島。南には人工島の神戸空港、東に六甲アイランドがある。市中心部と神戸大橋、港島トンネルで結ばれ、総面積は833ヘクタール。岡山県早島町（762ヘクタール）より広い。この広大な土地に国際交流施設、文化・娯楽施設、ホテルなどの高層ビルが林立、「医療産業都市」を目指す神戸市の中核施設として、医療関連の企業・団体も360社が進出し、神戸大は医学部附属国際がん医療・研究センターや統合研究拠点を設けている。

参考文献

朝日新聞科学医療部著『ｉＰＳ細胞大革命』（朝日新聞出版）
山中伸弥、緑慎也共著『山中伸弥先生に、人生とｉＰＳ細胞について聞いてみた』（講談社）

後鳥羽上皇ゆかりの「菊御作」に思うこと
ー吉岡一文字と上皇配流地探訪、ハワイで刀剣鑑定もー

赤井克己

今年（2023年）前半、岡山・林原美術館（北区丸の内）で開かれた「戦記×刀」展（4月15日〜6月18日）で、後鳥羽上皇ゆかりの「菊御作」をじっくり鑑賞した。土佐藩山内家伝来の重要文化財、同館では吉房、長光の名刀（いずれも国宝）に次ぐ逸品だ。

同上皇は承久3（1221）年、鎌倉幕府2代執権・北条義時追討の院宣を発したがあっけなく敗れ、隠岐に流され悲運の生涯を終えた。和歌をはじめ蹴鞠、琵琶など多趣味で、特に刀づくりには異様に執着したことでも知られる。昨年のNHK大河ドラマ「鎌倉殿の13人」では執権義時のライバルで登場した。

◆林原美術館所蔵の菊御作は逸品

後鳥羽上皇が制作にかかわった菊御作は、国内に7振り存在し、備前一文字様式と山城粟田口様式に大別できる。最も有名なのは京都国立博

林原美術館で開かれた「戦記×刀」展。菊御作が人気だった

物館所蔵の重要文化財「菊御作」（粟田口様式）。上皇自ら焼き入れしたといわれ、越前松平家の伝世品。優雅なつくりで、鍔《つば》近くの鎺《はばき》下に毛彫りの菊紋16葉が鮮やかだった記憶がある。次いで林原美術館所蔵の菊御作（備前一文字様式）と徳川美術館（名古屋市）所蔵の菊御作（同）が著名、いずれも重文。

林原美術館へは菊御作を鑑賞するため2回足を運んだ。初回はギャラリートークに加わったが菊紋を十分に確認できず、日を改めてウイークデーの午前に行くと、前回見逃したのが嘘のようにすぐさま菊紋を見つけた。ただし京都国博のそれとは違い、鎺下の菊紋は消滅寸前、まさに消え入りそうな状態で残っていた。1、2、3と数えると計5葉。16葉のうちたった5葉、「あったぞ！」と思わず小声で叫んだが、うれしさ半分、失望半分。脇には「元幅広く先細り、腰反りやや浅く……」と優雅な刀姿などの説明とともに菊花紋の解説もあった。

余談だが、今年（2023年）8月7日生誕100年を迎えた司馬遼太郎の著作『新選組血風録』に「菊一文字」という短編がある。新選組一番隊長沖田総司は若いが随一の使い手。自慢の業物は御番鍛冶筆頭の則宗（福岡一文字派の祖）の名刀だ。土佐藩きっての剣客で京都駐在の戸沢鷲郎を郊外に呼び出して勝負を挑み、一瞬のうちに脳天を割り即死させる場面がある。むろんフィクション。則宗と沖田総司を結びつけ、福岡一文字の切れ味を表現したところに司馬の博識と筆のすごさを見る。

岡山・瀬戸町の千種山。背後には鎌倉時代後期、刀剣工房が多数あった

◆名工を輩出した吉岡一文字派

鎌倉時代初期から中期、備前福岡の一文字派は刀剣づくりの中心と

して繁栄を極めた。だが刀工が次第に増え、長船、吉岡、畠田、吉井など周辺地域に拡散、新しい工房を構えるようになった。その中にここから吉井川上流約5キロの旧吉岡庄（現岡山市東区瀬戸町鍛冶屋）に移住、吉岡一文字派と名乗ったグループがいた。瀬戸内市長船地区に移った刀工集団とともに多数の名工を輩出した。両地区は吉井川の清流に抱かれた山紫水明の地。『瀬戸町史』（昭和60年刊）によると、鎌倉時代末期刀剣づくりの時にできた鉄滓《かなくそ》が、現鍛冶屋地区のほか保木、多田原地区などに多数残っているという。

吉岡一文字派の名刀は林原美術館にもある。今回は展示されていないが、鎌倉時代後期（14世紀ごろ）の作といわれる銘「助吉」（刀長71・2センチ、反り2・2センチ）で重要美術品。福岡一文字派助房の子、吉岡一文字派の祖。

吉岡一文字派は紀氏を姓とし、「助」で始まる名が多い。前述の「助吉」のほか、国宝で個人蔵、「備州吉岡住左近将監紀助光」銘の薙刀は有名、加賀前田家伝世品。また個人蔵で表銘「一」、裏に「備州国吉岡住……助光」と前述の薙刀より「国」一文字だけ多く銘のある刀も国宝。江戸時代初めの寛永年間に、武蔵・忍藩主阿部忠秋が洪水の墨田川に馬を乗り入れて横断、3代将軍家光から褒美として賜ったと伝わる。ほかにも無銘ながら吉岡一文字と推定される逸品も少なくない。

◆刀剣づくりに執着した後鳥羽上皇の謎

後鳥羽上皇は源平合戦が始まった治承4（1180）年、高倉天皇第4子として生まれた。寿永2（1183）年4歳の時に木曽義仲が京都に乱入、平氏は安徳天皇とともに3種の神器を奉じて西国に逃げた。この時絶対的権力を誇っていた祖父の後白河法皇は、孫を即位さ

下関・壇の浦の安徳天皇入水の地。潮の流れが激しく水没した草薙の剣は見つからなかった

せ後鳥羽天皇と名乗らせた。国内に2人の天皇が存在する異常事態になったが、後鳥羽天皇には3種の神器がないという弱みがあった。

2年後壇の浦合戦で平家は滅亡し、勾玉と鏡は取り戻したが、草薙剣《くさなぎのつるぎ》は海底に沈んだまま見つからなかった。後鳥羽帝は〝神剣のない天皇〟と陰で揶揄《やゆ》されることもあり、これがコンプレックスになり刀剣に異常に執心するようになったといわれる。

建久9（1198）年には19歳の若さで子息の土御門天皇に譲位、自らは上皇として院政を敷いた。以後土御門に続き、順徳、仲恭帝と3代23年にわたって院政という名の専制体制を確立。和歌、蹴鞠などに熱中、元久2（1205）年26歳のときに『新古今和歌集』の編纂にもかかわった。

上皇は承元年間（1207～1210）に御番鍛冶制を設け、刀剣づくりに本格的に乗り出したとされる。備前、備中、山城などから著名な刀工を毎月水無瀬離宮（現大阪府島本町）に集め、月番制で菊御作という菊紋を彫りこんだ刀づくりを始めた。別紙のようなスケジュール表もあるが、真偽のほどは不明という。

鎌倉時代初期の上皇ゆかりの菊御作は現存し、歴史的事実は疑いのないところだが、不思議なことに同時期の刀剣に関する記録がほとんどない。後期の『太平記』など軍記物に負うところが大きいといわれ、刀剣史研究上の謎とされる。

このころは「鎌倉殿の13人」の主導権争いに勝ち残った北条義時が

月	国	鍛冶名	流派
正月	備前	則宗	一文字
二月	備中	貞次	青江
三月	備前	延房	一文字
四月	山城	国安	粟田口
五月	備中	恒次	青江
六月	山城	国友	粟田口
七月	備前	宗吉	一文字
八月	備中	次家	青江
九月	備前	助宗	一文字
十月	備前	行国	一文字
十一月	備前	助成	一文字
十二月	備前	助延	一文字

後鳥羽上皇御番鍛冶表（能阿弥本『銘尽』による）

2代執権に就任した元久2（1205）年の直後。義時と後鳥羽上皇の関係はまだ穏やかで友好的、なぜ記録がないのか研究が待たれるところだ。

後鳥羽上皇は鎌倉幕府から東日本の統治権を取り戻し、日本全土をかつてのような天皇親政にしたいという野心があった。北面に加え西面にも警固の武士体制を強化したのもこのためで、上皇は菊御作をこれらの武士に与えて士気高揚を図る狙いがあったという説もある。

鎌倉幕府は承久の乱後、首謀者の上皇や上皇方の貴族、武士を厳しく処断、所領3000カ所以上を没収して幕府方の武士に恩賞として配分した。多数の武士が新補地頭として西日本各地に赴任、幕府の支配は西日本全域に広がったことは知られる。

◆上皇配流の地・隠岐中ノ島を訪ねた

昨年（2022年）のNHK大河ドラマ「鎌倉殿の13人」は三谷幸喜氏の脚本。鎌倉武士の土地に対する強い執着心に、打算と策謀を絡ませるストーリーに引き込まれ、毎回楽しく見た。上皇役の歌舞伎俳優尾上松也も熱演。北条義時打倒を決意したときの「田舎者めが。灸を入れようぞ」とうそぶく迫真の表情などすばらしい演技が多かった。

戦いはわずか1ヵ月で終わった。三方から押し寄せる19万人の幕府大軍に上皇方は敗戦の連続、幕府は首謀者の上皇を隠岐・中ノ島に流した。望郷の思いとわびしい生活を19年間も送った末、現地で死去した。

上皇は現島根県・美保関から隠岐を目指したとされる。海路約80㌔、200石（30㌧）程度の手漕ぎ船でむしろの帆。風に恵まれ、波が穏

隠岐諸島に就航しているフェリー

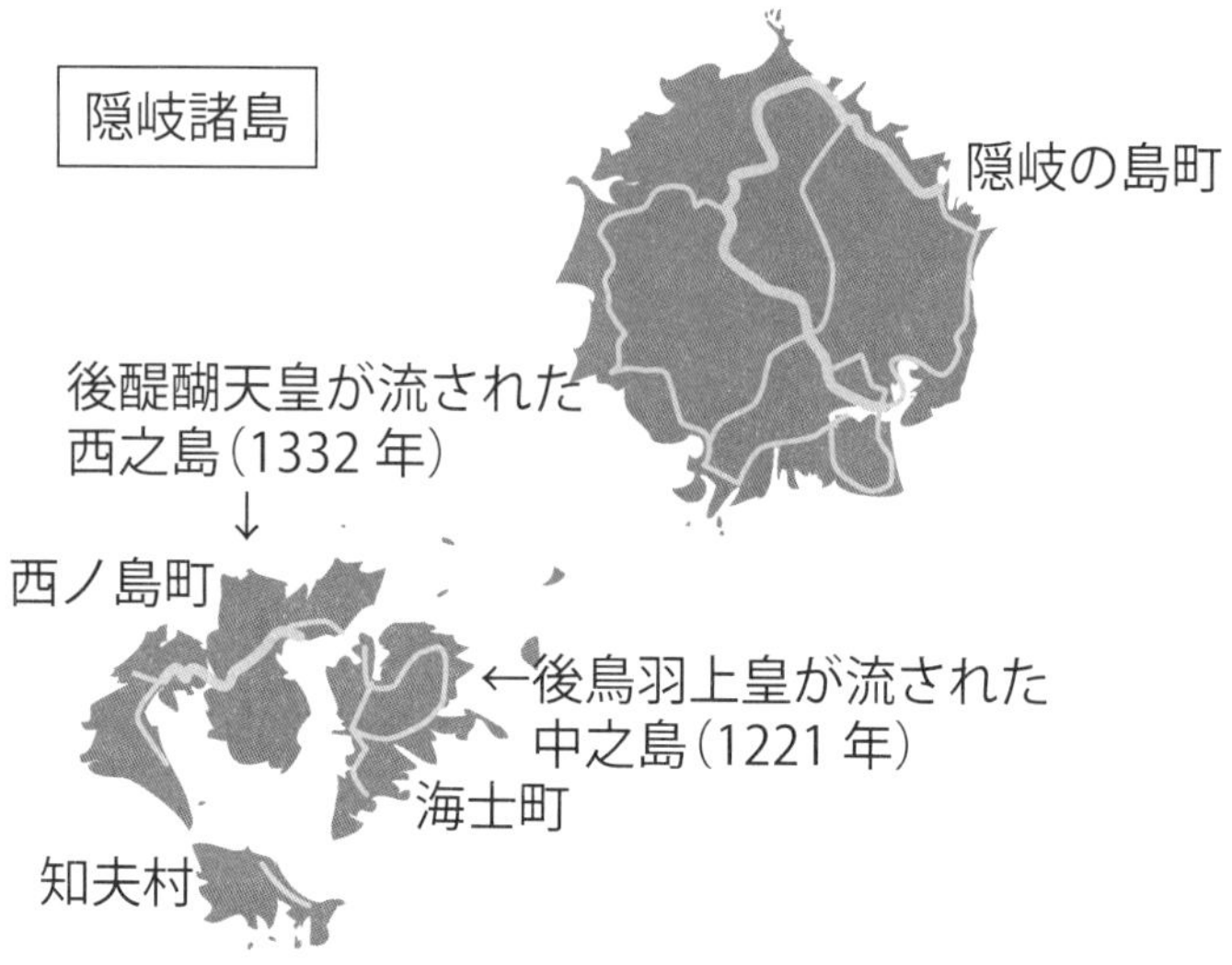

隠岐諸島

やかでも配流地中ノ島（海士町）まで丸1日かかったと推定される。同島では南東部の崎港にたどり着いたが、一夜の宿を頼む人家はなく、近くの神社参拝客用の小屋で過ごし、翌日山越えで数キロ先の行在所を目指したといわれる。

後鳥羽上皇配流の地を訪ねたことがある。鳥取・境港から隠岐・中ノ島までフェリーで約3時間かかった。上皇は中ノ島中心部、現海士町役場近くにあった源福寺を行在所として19年過ごしたが、跡地には「行在所跡」の石碑がポツンと残るだけ。柵で囲まれた宮内庁管理

後鳥羽上皇行在所跡に立つ碑

の陵墓地があり、ここで火葬された。上皇を祀る隠岐神社、資料館なども訪ねたが、無念の後半生を思うとわびしさがつきまとった。

上皇が流されたのは、隠岐諸島の中で島前《どうぜん》と呼ばれる三つの島の一つ中ノ島（海士町、約1900人）である。ほかに西ノ島（西ノ島町、2900人）知夫里島（知夫村、600人）があり、また隠岐の中心は島後《どうご》の隠岐の島（隠岐の島町、1万4300人）だ。NHKは上皇配流の地をいつも「隠岐」として紹介していた。間違いではないが、隠岐の中心地・島後の隠岐の島町と配流地・島前の中ノ島を混同した人も多いのではないか。また100年後、後醍醐天皇が流されたのは西之島であり、正しい理解が望まれる。

昨年12月半ば、たまたまNHK松江放送局制作の「ごとばんさん」という番組を見た。後鳥羽上皇は今でも島民から〝ごとばんさん〟と呼ばれて畏敬されているとして、上皇が好んだ闘牛や菓子を紹介していた。私は現地を訪ねた時「〝ごとばんさん〟は行在所跡の源福寺や火葬場など上皇ゆかりの場所一帯を指す地名」と聞いた。地元の研究者がそのように記述した小冊子も手元にある。機会があれば確かめたい。

「後鳥羽上皇は何もない配流地隠岐で、和歌活動と仏道修行に明け暮れ、きわめてエネルギッシュに活動した」（坂井孝一著『承久の乱』）という説もある。坂井氏は「鎌倉殿の13人」の時代考証を担当、創価大教授、日本中世史研究の第一人者。上皇は『遠島百首』『詠五百種和歌』などの編集に精力的に取り組み、多数の和歌を残している。望郷の歌も多いが、『遠島百首』の中の1首「我こそは新島守よ　おきの海のあらきなみかぜ　心してふけ」に、逆境に強く生きようとした上皇の心意気を感じる。

宮内庁管理の後鳥羽上皇陵。ここで火葬したと伝わる

◆ハワイで刀剣鑑定？　をした

私は平成14（2002）年4月67歳の時、山陽新聞社と子会社山陽印刷の勤めを終え、ハワイ・ホノルルの日米経営科学研究所（略称JAIMS）に留学。国際ビジネス、国際経済など13科目の集中講義と試験をパスした後は、さらにハワイ日米協会（略称JASH）でインターンとしてさまざまな体験をした。

その留学体験は『67歳前社長のビジネス留学』（700部）に詳述した。老人の留学生活は興味深かったのか、再版の要望が強く、さらに加筆して1ヵ月後には増補版（1000部）を出した。現在はそれぞれ各1冊が手元にあるだけだ。

また帰国後は毎年1冊出版してきた『おかやま雑学ノート』（吉備人出版）は、ここ数年のコロナ禍で取材が困難になり、高齢もあって19集で終わらざるを得なかった。まさに「刀折れ矢尽きた」心境だった。だがよく考えると手元には〝脇差〟があった。岡山ペンクラブの仲間と年1回20年間発行し続けてきた地域文化誌『岡山人じゃが』である。

まだ書き残さねばならない事項は多い。老骨に鞭打ちながら「錆びた脇差を振り回す思い」で、今回も数本の雑文を書いた。本稿のホノルルで刀剣鑑定会に招かれた時の体験は、別項のハワイ・スコフィールド米軍基地での憲兵？　尋問とは対照的な思い出である。

ホノルルの日米協会でインターンとして1ヵ月経ったころ、オオカワ所長が「アカイさん、ニッポンカタナに興味ありますか」と珍しく日本語で尋ねてきた。聞けば日本刀鑑定会がこの日夕方、東海大ハワイ校で開かれるが、行く気があるかとのこと。私が元新聞記者で何事にも好奇心を持つ

ホノルルでの刀剣鑑定会（2002年撮影）

性格、と見抜いての誘いだった。

会場で紹介された後、先着の人に倣《なら》って見よう見真似で刀剣を手に取り、私なりに鑑定？　を始めた。初めての体験である。刀は意外に重くズシリとした感じだった。しばらくすると、責任者らしい人が私のそばにそっと立ち「ミスターアカイ、鑑定はどうですか？　気を緩めず、手元には気を付けてくださいよ」と英語でささやいた。

私はハッとして刀をテーブルに戻した。ひと目で私が鑑定にはずぶの素人であることを見抜いていたのだ。よく見るとほかの人は持ち方も手慣れており、余裕しゃくしゃく、悠然と鑑定していた。初心者、まして老人の私の鑑定？　は、黙視できないほど危なかったのだろう。指を傷つけたりすることを心配したのかもしれない。会場写真だけは撮って鑑定は止めたが、今思えば、鑑定会責任者の実にやさしい心遣いと感謝している。

インターン先のＪＡＳＨでは、上司のＲ・オオカワ所長の配慮で様々なイベントにいつも同行。有意義で充実した日々だった。同所長は日系三世で元空軍大佐。前年の〝えひめ丸事件〟では、米側の窓口として難題の解決に努力し、２００５年春、功績著しい外国人として旭日小綬章を受章した。

参考文献

林原美術館など4美術館編集発行『備前一文字』
杉山昌男編『林原美術館名刀図譜』（テレビせとうちクリエイト）
宮﨑政久著『日本刀が語る歴史と文化』（雄山閣）
坂井孝一著『承久の乱』（中央公論新社）
赤井克己著『岡山雑学ノート17集』『同18集』（いずれも吉備人出版）

往年の名画「地上より永遠に」の舞台
ハワイ米軍基地での奇妙な体験

赤井克己

昨夏（２０２２年8月）、モノクロ時代の名画「地上《ここ》より永遠《とわ》に」（From Here to Eternity）がリメイクされ、岡山・瀬戸町万富公民館で上映されると知り駆けつけた。同映画は太平洋戦争ぼっ発直前のハワイ・オアフ島のスコフィールド米陸軍基地が舞台。男女2組の恋愛に基地内の人間関係が複雑にからむ傑作だが、私は20年前のハワイ留学時、この基地を訪れてＭＰ（憲兵）？に不審者扱いされ、尋問されるという体験をした。

◆かっこよかった主演俳優バート・ランカスター

映画によると、オアフ島中央部に位置する同基地は、太平洋戦争勃発直前の１９４１年夏ごろ、軍律が緩み退廃ムードがただよっていた。この基地の一中隊にラッパ手ブルーイット（モンゴメリー・クリフト）が転属してきたことから事件が起こる。中隊長は彼がかつてボクサーであったことを知り、ボクシング部に入るよう強く勧めた。ブルーイットは試合で相手を失明させたことがあり、そっけなく断る。このために陰湿ないじめ

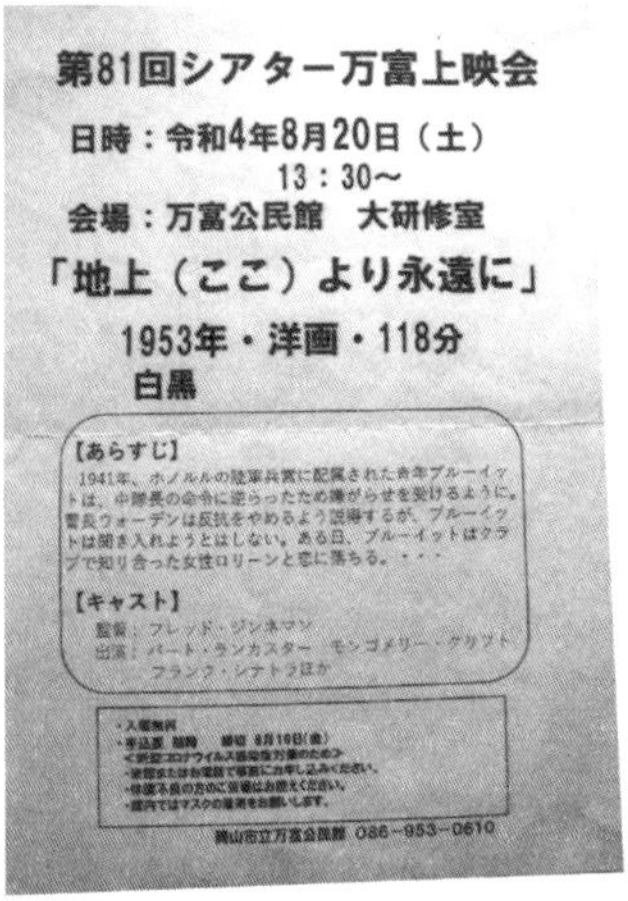

岡山・万富公民館の「地上より永遠に」のチラシ

を受けるようになったが、まもなくクラブの女性ロリーン（ドナ・リード）と恋仲に。

一方、ブルーイットの上司でよき理解者のウォーデン曹長（バート・ランカスター）は、中隊長夫人カレン（デボラ・カー）と道ならぬ間柄になっていた。軍隊組織のしがらみの中で2組のカップルは愛し合い、悩み続ける。

同年12月7日（現地時間）の日曜日早朝、日本海軍の航空機多数が突如真珠湾を奇襲、スコフィールド基地も攻撃された。大混乱の中でブルーイットは死亡、軍務にあまり熱心でなかったウォーデンは冷静に指揮、その資質を再評価される。空襲後民間人には避難勧告が出された。カレンは夫と離婚、ウォーデンとも別れたが、退避する船内でロリーンに再会、２人は過去の追憶に浸る、というようなあらすじだった。

原作者ジェームズ・ジョーンズは同基地勤務経験があり、出版2年後の1953年に映画化された。「米陸軍内部の腐敗と士気のゆるみを告発した力作」という見解が多かったようだが、私は当時大学生、退廃ムードの中での男女の切ない恋愛を描いた傑作と思っていた。しかしその年のアカデミー賞では作品賞、監督賞、助演男優賞、助演女優賞、脚本賞など8部門で受賞。ともに好評だった「ローマの休日」を上回る名作と位置付けられた。

主演のランカスターとカーはいずれもノミネートに終わったが、水着姿で波打ち際に横たわり、砂まみれになり波に洗われながら熱烈なキスを繰り返すシーンは有名で、今でも「映画史上屈指のラブシーン」とポスターなど人気があるという。

海岸の熱烈なキスシーンの舞台とされたノースショア

◆スコフィールド基地で尋問される

「地上より永遠に」を初めて見てから50年近く経った２００２年春、私は山陽新聞社とその子会社で46年もの勤めを終え、ハワイ・オアフ島の日米経営科学研究所（Japan-America Institute of Management Science　略称ＪＡＩＭＳ）に留学した。67歳の時である。最新の国際ビジネスと国際経済を学ぶためだが、「地上より永遠に」のスコフィールド基地を思い出すのに時間はかからなかった。

同基地は真珠湾と北部のノースショアを結ぶ中間に位置し、隣接して航空基地もあり、米軍太平洋戦略上の重要拠点のひとつ。面積約72㎢で岡山県浅口市（66㎢）よりわずかに広い。現在は第25歩兵師団約1万６０００人が常駐、基地内は多数の将兵家族の住宅団地、学校、病院、映画館、ゴルフ場もある。現在は米軍関係者とその家族以外は立入禁止。

私の留学当時規制はなく、２００２年9月中旬の土曜日、ぶらり訪問のつもりで同基地直行バス

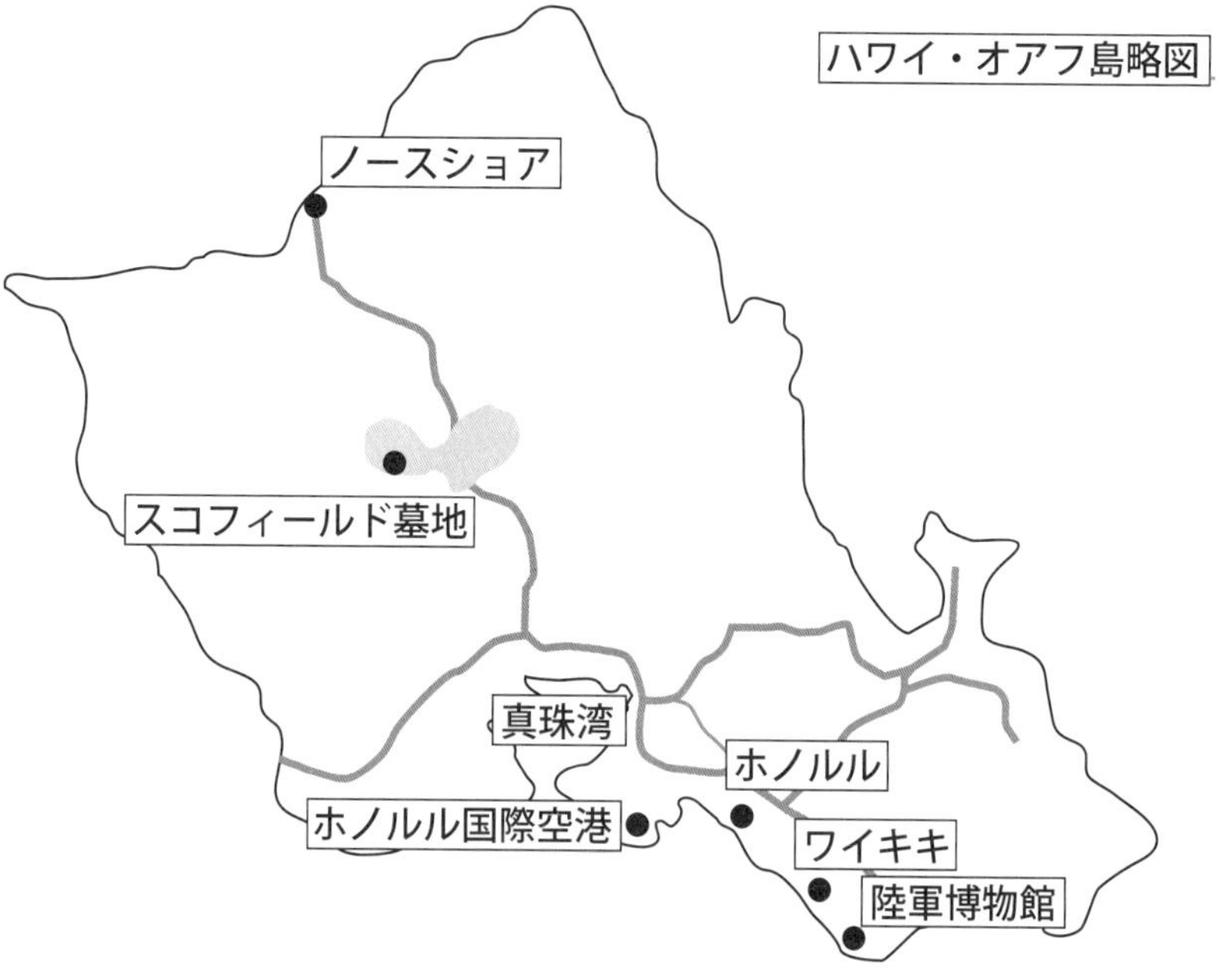

にホノルルのバスセンターから乗った。４カ月の集中講義は終わり、13科目の学科試験はすべてパス。ホノルルのハワイ日米協会（The Japan-America Society of Hawaii　略称ＪＡＳＨ）で２ヵ月のインターン中だった。

バス内には10数人の乗客がいたがすべて女性、基地内の軍人家族らしく雑談が声高に飛び交っていた。私は後部の空席に独り坐った。ほぼ一時間、基地が近くなったとき、銃を片手に携えた兵士が一人乗りこんできた。

女性たちは知り合いらしく、嬌声は一段と高くなり、歓迎の言葉をかけているようだった。兵は席を勧められたが丁重に断り、車内をぐるっと見回し、後部にいる私に視線を止めた後、こちらを向いたまま運転手わきに立ち続けた。

まもなくバスは基地正門前の停留所に到着。近くの広場にはハワイ特有のモンキーポッドの巨木が枝を広げ、展示用かその下にでんと坐っている旧式な重戦車が目に飛び込んできた。女性たちは運転手らに挨拶をして下車。最後に私も降りようと続くと、くだんの兵は突然、バス内の通路で銃を横にして通せんぼし、私の前に立ちはだかった。巨漢だった。いきなり〝Wait! Where are you gonna?〟上品でない英語を強い口調を浴びせかけた。

一瞬たじろいだが、「私は今ここオアフ島のＪＡＩＭＳで勉強中の日本人だ。太平洋戦争に興味があり、この基地にも展示館があると知り訪ねてきた」とＪＡＩＭＳの身分証を出しながら答えた。

「ＪＡＩＭＳって何だ」

「勉強中というが何歳か。学生にしてはかなりの高齢に見えるが」

博物館前には旧型戦車が展示されていた

「太平洋戦争のどこに興味があるのか」

質問というより尋問の連発だった。

私は質問には簡略に答え、さらに問わず語りでしゃべりまくった。

「太平洋戦争開始と同時に真珠湾に潜入を試みた日本海軍の特殊潜航艇（米ではMidget Submarineと呼称）5隻が沈められた。その1隻にはわが故郷出身の兵がまだ海底に眠っている」

「3月末ハワイに到着するとすぐさま真珠湾のアリゾナ記念館に行き、米軍犠牲者の霊に鎮魂の祈りをした」

「インターン先のJASHのボス（上司）は元空軍大佐で日系3世。2001年2月米原子力潜水艦が突然浮上したため沈没した、日本の水産高校練習船えひめ丸の米側交渉窓口だ。慰霊碑には3回も行った」

「ワイキキの陸軍博物館も見学した」

不審者でないことを理解させようと、質問外のことを懸命につけ加えた。ハワイ滞在すでに6カ月。帰国直前のこのころは英検1級をパスした英語力はさらに磨かれ、難しい単語もスムーズに思い浮かび、自分でも驚くほどよどみなく話せた。相手も不審な人物ではないことは分かったようだが、「この基地を訪れる日本人はほとんどいない。パスポートを見せろ」とさらに迫った。

海底の戦艦アリゾナをまたいでつくられたアリゾナ記念館

館内の大理石板に戦死者1777人の氏名が刻まれている

◆最後は〝Have a nice day!〟と握手

「そうだっ！　パスポートにStudent Vizaを貼り付けている」。

アメリカ入国にビザは不要だが、学生として長期滞在のためビザが必要だった。ホノルル空港入国時に税関職員がビザと私の顔を交互に見比べて〝I know JAIMS, Have nice days!〟と激励してくれたことまで思い出した。

急いでパスポートを取り出し、学生ビザを見せた。やっと了解できたのか、博物館の場所を教えてくれた後〝Have a nice day!〟と最後は握手で別れた。

スコフィールド陸軍博物館はバス停のすぐ近く、徒歩数分だった。入り口の看板には師団のニックネームである〝TOROPIC LIGTNING〟（熱帯の稲妻）の文字がくっきり。だが展示品は基地内家族へのPR用か、私の好奇心を満足させるには程遠く写真を数枚撮っただけだ。それでも「パンフレットが欲しい」と係員に要求すると2部くれた。

本稿を書くにあたって全文を隅から隅まで読むと、末尾に「基地は公開さ

スコフィールド博物館内の展示は平凡だった

太平洋戦争開戦時の被害状況の写真もあった

れている。どなたでも気軽においでください」の文言があった。出入り自由だったのだ。なぜ私が尋問を受けたのか。「正体不明の日本人らしい老人が基地直行バスに乗り込んだ」と、バスターミナルからでも通報があったのか、いまだに謎だ。

インターン中はＪＡＩＭＳ近くの下宿から引っ越し、ＪＡＳＨ通勤に至便の地としてワイキキ中心部の15階建てコンドミニアムの1室を借りた。道路を隔てた前面は広大な緑の芝生が広がり、ずっと奥に低いビルが数棟あるだけ。入り口にFort DeRussy（デルシー基地）の小さな看板があり、米軍専用施設であることはすぐに分かった。

南端には１９１１年に海岸防備のために造られた砲台を再利用したハワイ陸軍博物館がある。ここにも引っ越しするとすぐ足を運んだ。展示室は半円状で頑丈そうだが、大砲は1発も撃たずご用済みになり、博物館に改造され１９６７年オープンした。「地上の楽園ワイキキで考える戦争の実態」として立ち寄る観光客も多いという。日本軍真珠湾攻撃の背景も比較的公正に展示されており、戦争遺品をかなりカメラに収めた。それにしても、スコフィールド基地のＭＰらしい兵の対応は何だったのか？　未だに謎のままだ。

スコフィールド博物館でもらった2枚のパンフレット

参考文献
新庄哲夫訳『地上より永遠に』（角川文庫）
「A short history of Schofield Barracks」、「Historic Guide of Schofield Barracks」

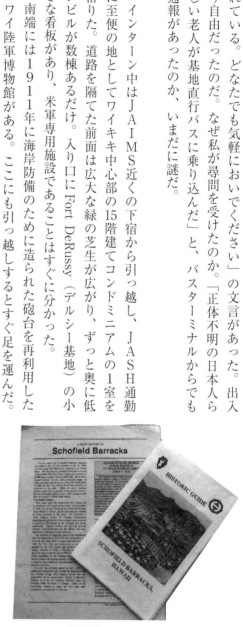

足守文化トッピング

廣坂武昌

足守（元は吉備郡足守町）は多くの全国区的人材を輩出しているなあ、と筆者はかねてから注目していた。前号で取り上げたベネッセの福武哲彦氏も日近出身で、世界的企業を作り上げた人材であるし、そのほか、いち早く西洋医学を取り入れた緒方洪庵、歌人木下利玄などそうそうたる人材である。ちょっと変わった人材！　小早川秀秋も木下藩主の血統ということは筆者は知らなかった。そうしたことに加え、近水園《おみずえん》、陣屋跡、武家屋敷を交えた街並みなど、筆者があらためて町を歩いてみて、十分全国的観光客を受け入れるに足りる資源に満ちていると感じた。筆者が近水園に久しぶりにぶらりと立ち寄ったのは、まだ2月の結構寒さを感じる頃であったが、既に吟風閣は勿論、町の通りの門ごとにお雛様が飾られていた（写真1）。そうした中、近水園の清掃をされていた内田一正さんという方に出会った。内田さんに出会ったことが、知っているようで余りよく知らない足守の文化を知ることにつながった。足守に

写真1：足守の街のひな飾り

ついて知らないのは筆者ばかりで、いまさら何を書いているのか、というご批判もあるやも知れない。考えてみれば、位置的に岡山の中心地で、東には吉備津神社、吉備津彦神社、日本三大稲荷の高松稲荷、西には、造山、作山という日本でも規模の大きい前方後円墳、国分寺、国分尼寺跡、雪舟で有名な宝福寺と有名な遺跡、寺社、などがある中で、足守もその文化地域の真ん中にあるわけだから、何にもないわけがない。鬼が島（鬼ノ城？）の鬼（温羅？）退治で桃太郎（吉備津彦？）をお供した猿（猿飼部楽《さ》楽《さ》森彦《もりひこ》？）は、葦守山を守っていた家来という物語りも聞いた（観光バスガイドさんから聞いた話！）。足守にも相当の有力者がこの地を統べていた証拠に三百基を超える古墳があるという。したがって古代から多くの住民による豊かな経済と文化が育っていたに相違ないと思う。前号で岡山後楽園について書いたら、結構いろいろな反応があったので、今回も知ったかぶりをして述べてみたい。足守の歴史や史跡など紹介された著書も借用、参考にさせていただいた（借用させていただいた資料については、この記事の最終章に記述させていただく）。

木下藩

何と言っても足守を語るについて「木下家」について述べないわけにはいかない。なんといっても歌人・木下利玄《りげん》（本名としはる）を知らない人はいないだろう。白樺派の歌人であり、利玄調と言われる独特の歌風で知られる。その作品は武者小路実篤や志賀直哉、佐々木信綱等に高く評価された。木下家は尾張（現在の愛知県）の人で元・杉原姓であったが、一族の〝ねね〟が豊臣秀吉に嫁して北政所となったことから、木下藤吉郎の木下の姓・家紋（豊臣の姓までも）などを使うことを許されて木下姓となり、ねねの兄の家定が初代木下藩藩主となった。木下家の家紋の一つは豊臣家と同じ「五七の桐紋」である。関ヶ原の戦いでは姫路城主であったが、中立の立場を取り合戦の後の慶長六（１６０１）年家康に認められ、同じ石高で備中足守藩主となり、足守藩主木下家が始まった。家定の五男の秀俊は小早川家の養子となり小早川秀家を名乗った。関が原では東軍についてその功で岡山城主となるが、二十一歳で没したことはよく歴史で語られている。木下利玄は維新後東京に居を移していた木下藩十三代利恭の甥で、子息のなかった利恭の養子となり上京、木下家十四代となった。そして学習院、東京帝国大学とエリートの道をあゆみ華族となり、白樺派唯一歌人として活躍した。近水園の池の鶴島に

花ひらをひろけつかれしおとろへに牡丹おもたく萼をはなるる

という利玄の歌碑が建っている（浮き彫りになった利玄の着物にも「五七の桐紋」が彫られている、写真2）。牡丹といえば、よく知られた利玄の歌はやはり

牡丹花は咲き定まりて静かなり花の占めたる位置のたしかさ

であろう。三十八歳の時、利玄は近水園を当時の吉備郡足守町に寄附したが、その翌年鎌倉で短い一生を終えた。２０２５年没後百年を迎える。

写真２：近水園鶴島の利玄の歌碑

近水園《おみずえん》

足守の町の中で何と言ってもこの「近水園」は必見の名園である。元は「御水園」といったそうであるが、（古い写真記録には「御水園」という字が見える）御という字を使うことが禁じられ〝近〟という字があてられた。そういえば、岡山後楽園も元は御後園《ごこうえん》といった。余談であるが、字のことでいえば、足守も元は葦守と書いたのではないか、多分足守川には葦が繁っていたものと筆者は思っている。下足守にある「葦守八幡宮」は「葦」という字になっている。陣屋のあったところは、今は大きな広場になっているが、跡地には、女学校や小学校が建てられていたそうだ（写真３・４）。そこから「近水園」に向かって歩いていくと、利玄の生家があり門

前に利玄が結婚した時の写真付きの案内版が建っている（写真５・６）。なおも奥へ行くと近水園の中には（筆者が訪れた時は）、お雛様が飾られていて、いつ頃のお雛様かの表示もあった。内田さんは俳句をよくされるそうで、お雛様を題材にした俳句を見せてくださった。

道具失せし　五人囃しの　雛飾る

町の家ごとに飾られているお雛様はこの町の文化の奥行を感じさせる。

近水園のシンボルのような吟風閣（写真７）の借景のように宮路山という小高い山があるが、地元の人は〝おやしき山〟とか、〝ごてん山〟と呼んでいるそうだ。吟風閣は六代公定が京都仙洞御所造営のおり残材を使って建てたとのことで、その後の殿様が池に注ぐ滝水の音を楽しみ、周囲の樹木に吹き抜ける風の音、時には紅葉の美しさを楽しんだという。池には鶴島、亀島が作られており、吟風閣から池のほうを見ると、宇野山、鍛冶山を借景に、特に新緑の美しさは格別である。そのほか、近水園の中には眼を引くものが多々あるが、一つはマリア様の姿が彫られているという小さいマリア灯篭である（写真８）。これは、足守川川底から発見されたという言い伝えがあるが、火袋の部分は失われている。いつ頃の物かも不明だそうだが、隠れキリシタンのシンボルだったのか、これに関する記録はないとのことである。

写真３：陣屋跡入り口

写真４：陣屋のあったところ。今は広場になっている

写真５：利玄生家

写真６：利玄生家の門

写真７：吟風閣のたたずまい

写真８：近水園の中にあるマリア像とされる

瓦の葺き方のこと

木下邸や吟風閣の屋根瓦をよく見てみると、ほかの人家とは葺き方が違っている。普通の家の屋根瓦は平かなの〝へ〟の字の形に重なっているが、吟風閣などの屋根瓦はその逆の（への字の左右逆）の形に葺かれている。おそらく陣屋の屋根瓦も同じであったろうと筆者は想像している。この建屋だけでなく木下藩を支えた役人の家宅（侍屋敷など）とか富豪の家もおそらくそのようになっていたと思われる。この瓦をこの地で製造したとすれば、当時の瓦職人はおそらくこの地でそんなに多く作らないこの瓦に手間が要って苦労したことであろうと想像する。内田さんに聞いても知らない、と言われた。瓦については前号の『岡山人じゃが』の赤井克己氏の記事に詳しいが、その土地の瓦製造者ごとに特徴があるようである。このことを古民家の権威楢村徹建築士に話をしたら、その土地の領主の発祥の地が影響しているかも知れないとのことである。そういわれて見ると、木下家はもともと尾張の出である。ひょっとするとと早速調べてみると、

「尾張は、七、八世紀から古代寺院が多数建立され重厚な瓦＝古代瓦が用いられ、尾張の窯で焼かれていた。そして京都の寺院や離宮に供給され、江戸時代には、燻して黒光りする近世瓦が名古屋をはじめとする城下町の屋根を飾った。」（愛知県埋蔵文化センター　研究紀章第15号　２０１４　永井邦仁氏）

　ということである。当時屋根を瓦で葺くのは、神社か寺院であろうし、その屋根と同じように屋根を瓦で葺くことができるのは、当時の土地の領主か富豪に限られていたであろう。尾張が瓦製造で古

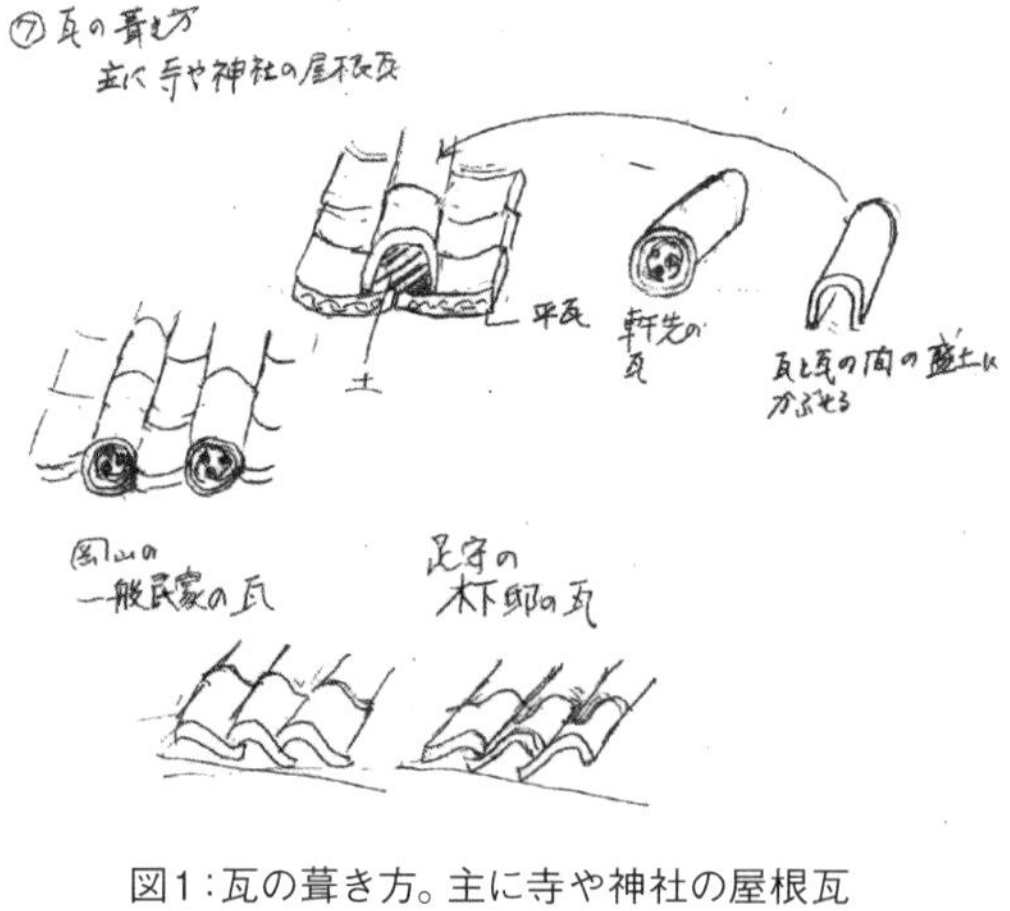

図1：瓦の葺き方。主に寺や神社の屋根瓦

代から有名であったから、木下家は育った尾張の瓦で屋根を葺いたであろうし、その葺き方はその土地の主流の葺き方であったのでは、と考えるのは自然な発想であろう（図1）。この木下邸などの瓦は〝左機瓦〟というそうで（写真9）、比較的西日本に多い瓦の葺き方だそうだ。初代家定の初任地は姫路というから、この地方の瓦の葺き方であったかもしれない。やはり、その土地の天候風土や、入母屋作りなど複雑な屋根の形にあわせ、雨漏りを防ぐ目的からつくられた、と思われ瓦職人の文化としての特色といえる（永井邦仁氏）、と述べられている。尤も神社やお寺の屋根瓦は別添の図の通り平瓦を並べ瓦と瓦の間に雨水が漏れないように土を盛り、丸い筒瓦で押さえたものが多いから、一般の民家の瓦と違う。寺社が葺いている屋根は建物に重量がかかるし費用も高くつくので雨水が漏れないように、隣の瓦にかぶせられる〝あご〟の付いた平瓦になったものと思われる（尤も、江戸時代の吟風閣は茅葺だった、という）。その土地で普通葺かれている形でない瓦にすると、特別に瓦を製造してもらわないといけないことになるから、前任地から運んだのでは、と筆者は一人合点したが、当初はそうであろうが痛んで葺き替えとか、建物全体を建て替えの時などいちいち前任地まで取りに行くわけにもいくまい。また、ご家来諸氏の家もあるから、現地＝足守でも左桟瓦を作る作業所はいずれ必要になるだろう。そう思っていたら、足守にお住いの深井道弘氏のご実家は左桟瓦の屋根瓦で葺いてあると資料（写真10）をいただいた。深井氏のお父上が若いころその瓦の工場が足守にあった、とのことである（藩主と同じ屋根づくりであるということは、深井家は要職にあった可能性があると筆者は思っている）。備前や備中では現代の瓦の葺き方は、この地の屋根の普通の葺き方であった

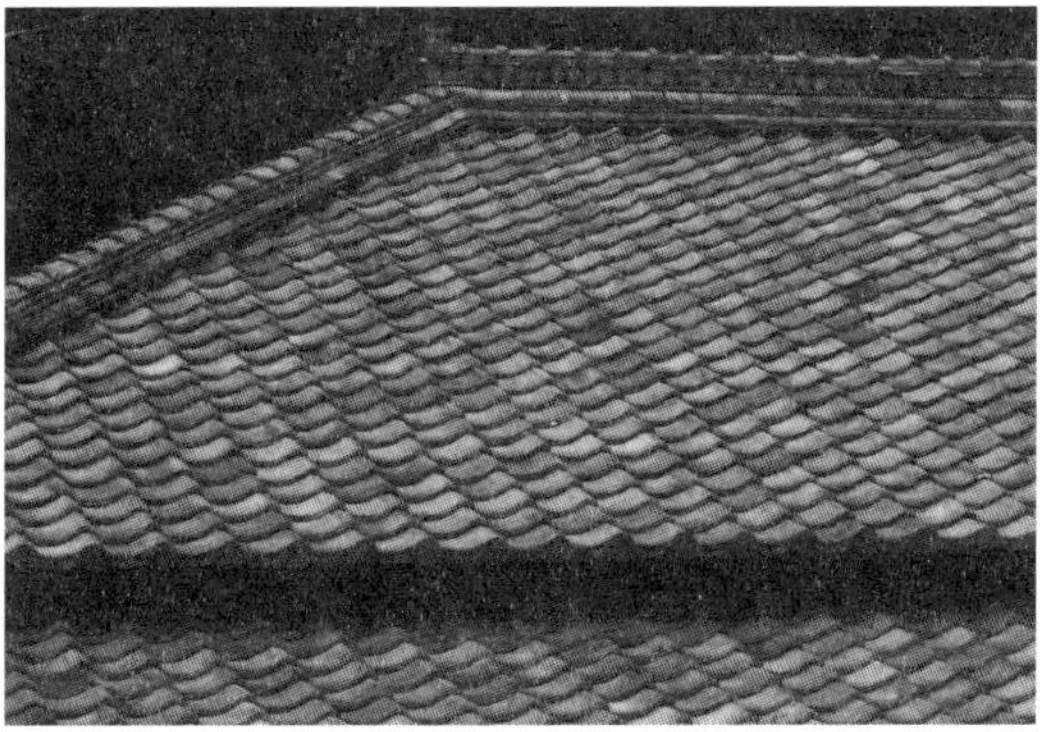

写真9：木下邸の屋根瓦

ろうから、左側が高く右に流れた造りであり、いわゆる下から見ると〝へ〟の字の形である（写真11、一般民家の瓦）。瓦の文化については、今少し調査・研究が必要であるが、是だけで相当の時間と紙数を必要とするであろうから、瓦のことはまたの機会にしたい。

屋根瓦といえば、この利玄生家にも武家屋敷（写真12）にも瓦に菊の花がついている。菊の花は普通、円で囲まれて菊の花が描かれているが、ここの菊の花はまるい縁がない。（写真13）これは三代藩主利房になって、菊の紋をそのまま使うのは天皇家に畏れ多いと図柄を変えたものだそうで、この菊の花のまるいふちは取り去られ、「切り菊」の紋になった。（寛政重修諸家譜による）。先述の通り木下家は初代家定の時から、妹のねねが藤吉郎と結婚したので木下の姓、家紋、菊の花、豊臣の姓まで使うことを許されている。足守公民館のすぐそばに武家屋敷があるが、ここの鬼瓦には五七の桐の紋が描かれている（写真14）。五七の桐の紋は、桐の花が中央に七つ、脇の二本には五つずつついていることから「五七」の桐というが、この瓦の紋は桐の葉の筋（葉脈）が葉の先に届くように描かれているのが特徴、とのことである。

写真10：足守深井邸の屋根

写真11：岡山の一般民家の屋根瓦

関ヶ原の戦いと木下家

関ヶ原の戦いは、秀吉の死後、石田三成、毛利輝元など豊臣勢が加藤清正や福島正則などの家康勢に対し戦いを興したことに始まる。後世これを東軍、西軍の天下分け目の戦いと呼び、「関ヶ原の戦い」として知られる。家康が東軍側として戦っている。述べてきたように木下家は、尾張の元杉原家が家定の時、妹のねねが木下藤吉郎の嫁になり苗字も家紋も屋根瓦の文様まで使用を許された家柄である。雰囲気だけでいうと、家康の東軍でなく秀頼、石田三成など大坂勢の西軍につくべきではないか、と思うのが普通であろう。大坂の陣の時、

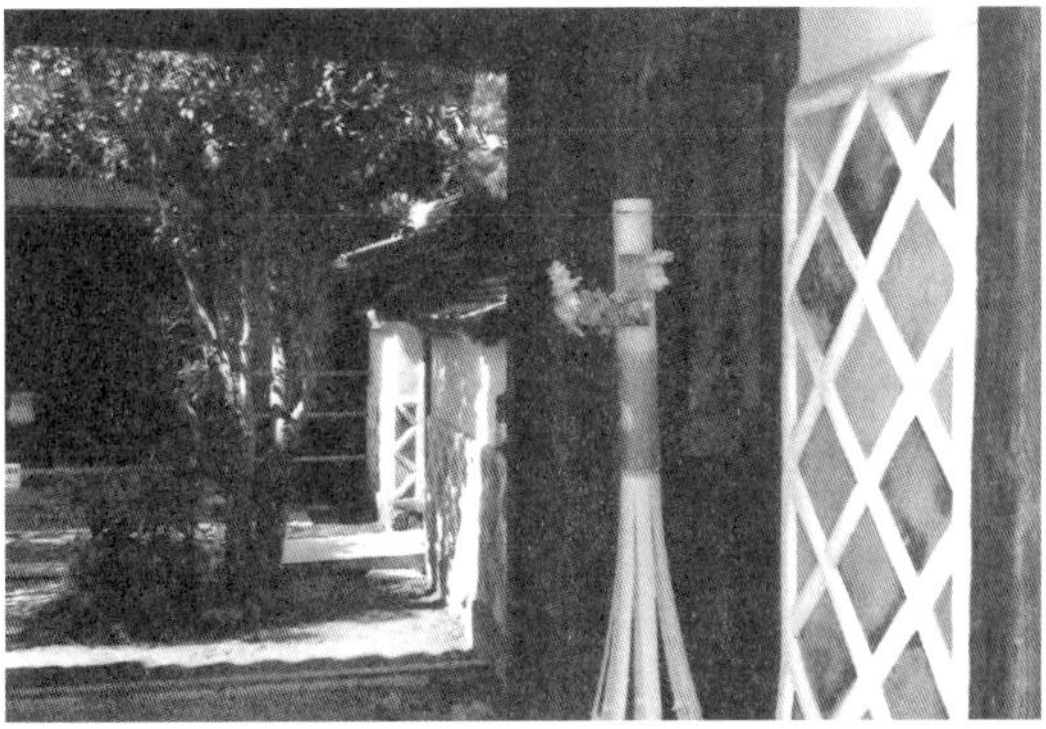
写真12：侍屋敷の門

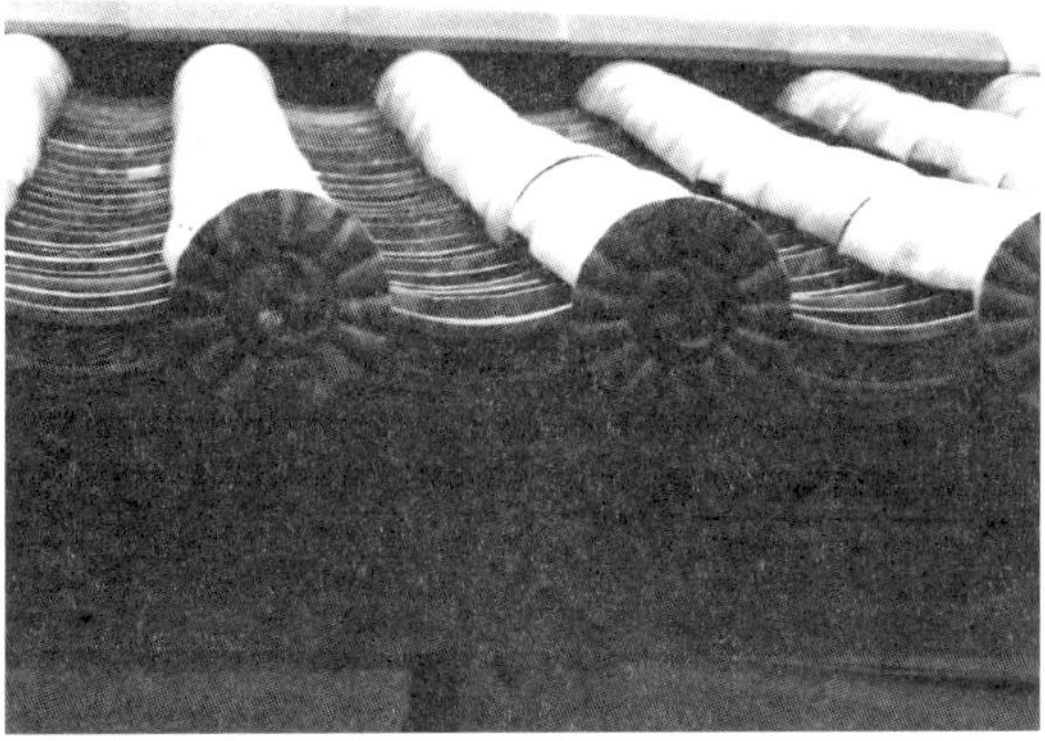
写真13：侍屋敷の筒瓦の菊模様

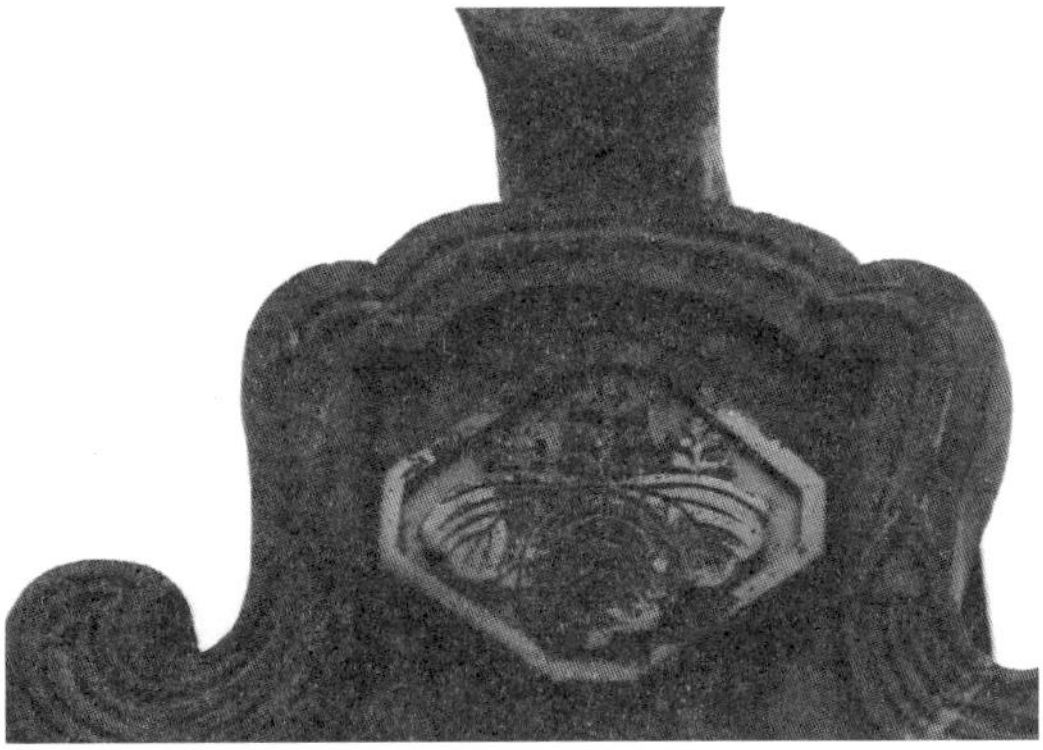
写真14：侍屋敷鬼瓦の五七の桐紋

家定は太閤の恩義に報い、恩義を忘れず秀頼の側につくべき、と秀吉側の武将に説得されているが、北政所のねねを守るとして中立の立場をとり京都へ去る。中世戦国時代、国というより家の存亡を賭けて戦うことが求められ、どちらについたが生き残れるか、その選択は正義や目の前の損得だけでは計れないものがあったに違いない。人の人生は〝その人が生きている時の「時の流れと人との出逢い」が決める〟というのが、筆者の持論である。いかに自分に利するか、はたまた負になるかは、ほとんど運命といえる。筆者は『岡山人じゃが』（2022）でやはり中世戦国時代、常山の武将上野孝徳滅亡の記録を述べたが、天下取りに奔走する織田か毛利のそのいずれに就くか、その判断によってまさにその城の、その城主の運命を決めている。木下家はこうした複雑な争いの中にあってその采配の絶妙さが見える。その判断は家の存続どころか関ヶ原の戦いの跡も変わらず栄えている、という結果になっている。それは、ねねの差配によるものと言われているが、いずれにしても木下家は西軍に就く、東軍に就く、中立を守る、と分かれて次の世代に生き残れる戦略を取っている。すなわち、家定はねねを守るとして京都で中立の姿勢を取り、その子秀俊（小早川秀秋）と次男利房は西軍についたが、この二人は大坂の陣では東軍についている。ねねが徳川二代将軍徳川秀忠を豊臣の人質時代にかわいがっていたことが、お咎めを受けなくて済んだ原因と言われているが、説得力のある説と思う。

足守が生んだ人材

足守というと先述の通り木下利玄が有名であるが、種痘の緒方洪庵（写真15・16）、受験の福武哲彦のほか、日本臨済宗の祖とか茶人と言われる栄西《えいさい》（ようさいとも）などが知られている。また、岡山県人なら知らない人はないであろう、地元のみならず、岡山県民の足として活用された中鉄バスを開業した藤田正蔵氏も足守の出身である。木下利玄についてては少し述べたので、先ず緒方洪庵について記述してみたい。

緒方洪庵は蘭医・蘭学者であり、オランダの医師ニーマンに学んだといわれているが、当時来日していたシーボルトの弟子でもあった。疱瘡の予防としての種痘で多くの子供たちを救った、という記録がある。疱瘡は、天平のころに既に流行っていたという記録があるそうだが、洪庵が種痘の官許を受けたのは万延（１８６０）の時代である。その予防接種の種痘は人の体（子供）で痘苗を造り培養して痘種を作らねばならなかった。誰にでも協力を依頼するわけにもいかず、洪庵は洪庵の兄の子に痘種を植えて種痘を作ったという。疱瘡の予防というのは筆者の子供の頃には常識でどの子の腕にも種痘の跡があった。洪庵のころは、そうした理解は一般の人にはないから、実績を創っていくしかなかったであろう。人体での種苗作りは限界があり、牛痘と言って牛を使って培養することを見つけた。牛から作った種痘は、当時の人たちから見ると理解できず、これを種痘すると牛のように「も～」と鳴くようになるとか、角が生えるとかの流言飛語が飛び交ったという。ともあれ、木下藩藩主の種痘についての先見の明と洪庵の努力のおかげで、他藩に比べいち早く疫病の流行りを押さえることができ、ほかの大藩にも差をつけたそうだ。洪庵は二十九歳の時大坂で「適々斉塾」を拓き医学の傍ら蘭学の指導もしていた。その門人には、福沢諭吉、大村益次郎など輩出した。

写真15：洪庵ゆかりの乗典寺

写真16：乗典寺洪庵ガイド

知られている通り、若いころは貧しかったせいもあり、医業を行うにあたり、貧富を問わず貴賤を差別せずみな平等に扱い、医者代も余り関心が無かったという。いつも静かで短歌をよくする歌人でもあった。

今一人「木下長嘯子《ちょうしょうし》」という歌人であるが、初代家定の長男勝俊の雅号である。武人でありながら、戦い事は好まずむしろ文人的性格であった、という。関ヶ原の戦いのあと、家康の勘気に触れ領地を没収されてしまい、おまけに妻からも愛想をつかされた人である。京都に閑居していた勝俊は長嘯子を名乗り、学問に裏付けされた格調高い秀逸の作品が多いという。後代、利玄の作風にも影響を与えたかもしれない。

栄西は吉備津神社宮司の賀陽氏の家に生まれ、足守の安養寺で得度し比叡山で学び台密に長ずるが、その後入宋して臨済宗を学んで帰国、日本臨済宗の祖と呼ばれる。茶の種を持ち帰り栽培、『喫茶養生記』を著した。岡山後楽園では、毎年4月栄西茶会が開かれる。（コロナの時はお休みしたが。）

藤田正蔵氏は桜色の車体で知られる中鉄バスの社長だったというと知らない人はないが、テレビ瀬戸内の社長も勤められている。元は中国鉄道といい津山～岡山の鉄道を経営したが、のちに国鉄に吸収された現在のJR津山線である。祖父林蔵氏、父聯蔵氏ともに、後に山陽銀行と合併した足守銀行の頭取を勤められている。（現在の中国銀行に合併）

足守の地を歩いてみて、筆者が感じていた人材の豊かさや文化は、古代の農業に適した広い平野とそこに水を供給した足守川にあるのだろう、ということである。足守川を日近川の合流地点まで上ってみたが、水の量も下流とあまり変わらず両岸には葦が切れ目なく生えていた。その少し上流に栄西が得度したという安養寺があって、お詣りした時中からおそらく住持であろう人の読経の声が聞こえた。古くは広い平地と豊かな水、そうした土壌の中に有力な統治者が定着し、安定した政治が行われたことによって、文化が根付く要因になったことであろう。また、秀吉・家康と実力者の統治のもとを切り抜けた木下家、中でも足守に文化と学問をもたらしたとされる六代公定の功績は大きいとされる。梨、栗、柿などの栽培の奨励、漢詩・謡曲を身に着け、家臣とその子弟の教育に努めた。こうした名君が統治者になったこともゆるぎない足守の文化を決定づけたと筆者は思う（歌舞伎などで有名な松の廊下刃傷事件・赤穂城明け渡しの請取り役もつとめた、とある）。

一つ筆者が提案したいことは、足守を拓いたであろう古代の有力者の象徴たる古墳も代表的なものを記念碑などの形で見られるようにしては、ということである。

瓦、古墳、人材、多くの文化財など積み残した項目は多い。またの機会に取り上げたいものである。

足守の町を歩いていると、足守の街並みを楽しんでいる若い多くの観光客を見かけ、足守の佇まいの良さを見つけてくれていると感じた。

末筆ながら、足守についてご多忙にもかかわらずご丁寧な助言と資料をご提供下さった、内田一正氏・杉原康子氏、深井道弘氏にあらためて感謝申し上げる次第である。

終わり

【参考にさせていただいた資料（敬称略）】
▽永井邦仁『研究紀要第十五号２０１４―３』（愛知県埋蔵文化財センター）▽足守歴史同好会　池田克己著『足守の歴史』▽大月史重著『足守藩の三歌人』▽杉原康子『備中足守の記憶代表　備中足守竹取物語』▽岡山市立足守公民館「足守公民館だより編集委員会」・編『あっちこっち見てある記』▽内田一正編『足守藩侍屋敷あれこれ』

【ご協力（資料提供・助言など、敬称略）】
内田一正／杉原康子／深井道弘

『ねんねこしゃっしゃりませ』！
～中国地方の子守唄～

廣坂武昌

筆者は恥ずかしながら、この子守唄の〝中国地方の子守唄〟という正式名は知らずに口ずさんでいたし、まして、我が岡山県は井原市の高屋を故郷とする子守唄とも知らなかった。しかし、なぜ「高屋の子守唄」でなく、『中国地方の子守唄』といういわば大仰なタイトルになったのであろうか。聞けば総社から出る〝井原鉄道井原線〟に「子守唄の里高屋」という駅があるという。早速その駅へいってみよう、そうすればそのあたりのこともわかるのではないか。久しぶりにローカル線に乗ってみるのも一興というものだ。

初めて「子守唄の駅高屋」へ降り立ってみると、「子守唄の駅高屋へようこそ」という大きな看板が迎えてくれた。そしてそこら中、各地の子守唄の歌詞と地名がかかげられている。そしてこれは予想通り赤ちゃんを負ぶった娘さんの像が建っていて、足元には高屋に伝わる子守唄の説明と全国にこの子守唄を知らしめるきっかけを作った上野耐之氏の

写真1：高屋駅の子守の像

石板があった。それによると、当時の後月郡高屋町の声楽家上野耐之という人が母親の歌っていた子守唄を、師である山田耕筰氏に披露して編曲に至ったと記されている。山田耕筰は大変感動して直ちに楽譜に書き下ろした。昭和３（１９２８）年の事だそうで、翌昭和４年世の中に出たとの事である。多分、耕筰氏から見れば、どこにでもありそうな地名の「高屋」ではわからないから、中国地方に残る子守唄の印象で、「中国地方の子守唄」としたのだろう。駅には、たくさんの子守唄の歌詞やその発祥の地名が掲げられている。よく見ると「全国子守唄サミット」と書かれている掲示板があった。静岡県沼津市＝「この子のかわいさ」、和歌山県岩出市＝「根来の子守唄」、大分県佐伯市＝「守目の喧嘩唄」、長崎県島原市＝「島原地方の子守唄」、熊本県五木村＝「五木の子守唄」、熊本県天草市＝「福連木の子守唄」、そして井原市高屋の「ねんねこしゃっしゃりませ」と、これらの子守唄のサミットが開かれていたらしい。開かれていた、というのは、このサミットは平成28（２０１６）年、天草市福連木で開催されたのを最後に終了している。

それから、駅周辺をあちこちしてみたが、子守唄でみんな寝ているかのように！　まったく静かで平和な街並みで喫茶店も食事をする店も何にも見当

写真２：上野耐之の碑

写真３：子守唄サミット

たらなかった（駅前に「駅前喫茶」と入り口に書かれたお店があったが、中に入ってみてもお客はおろか店員の気配すらなかった）。駅の近くでお会いしたのは、たったお二人ではあったが、とても親切で、探していた場所まで連れて行って下さった。おひとりが、昔の山陽道の一部にある「子守唄ロード」という場所で、駅にあるのと同じ説明版と電信柱に子守をしている若い女性の看板が一枚かかっていただけであった。この通りに「上野」の表札の邸宅が二軒あったが、後で聞くと上野耐之の親戚筋の家柄とのことで、だから「子守唄ロード」！　かな？　もうお一人は高屋公民館を探していたら、遠いのに現場まで連れて行ってくださった。取材の時こういう方にお会いできるのも現地取材の楽しさの一つでもある。公民館の図書室になにか関係する資料はないか、と探してみたのだが、それらしいものは見当たらなかった。高屋公民館高村館長にお聞きすると、コロナで四年程中止されているが、「高屋町子守唄の里音楽祭」が開催されている、とのことであった。会場は井原市立高屋中学校体育館で毎回、テーマを設けて開催、平成30（2018）年は「沖縄民謡と子守唄」のコラボで開催された。出演は沖縄の特別ゲストのほか、高屋中学校吹奏楽部、高屋小学校5、6年児童、高屋幼稚園・せいび保育園、高屋南保育園児5歳児となって

写真4：子守唄ロード

写真5：マンホールの蓋

いる。コロナも収束の兆しが見えたが、今後2年ごとに開催することになり、本年は開催されず次は令和6（2024）年11月か12月に開催予定だそうだ。「中国地方の子守唄」はあの美空ひばりや森山良子、岩崎宏美、芹洋子も歌っていたし、最近では夏川りみも歌っている。そのこととは裏腹に地元の高屋が今少し売り出してもいいのでは、と思うくらい静かな佇まいであった。公民館から駅のほうへ歩いていたらマンホールの蓋にも「子守唄の里高屋」の表示があった。

ところで筆者がよく聞いていた子守唄は、

ねんねんころりよ　おころりよ　坊やはよいこだ　寝んねしな
坊やのお守りはどこへ行た　あの山越えて里へ行た
里の土産になにもろた　鼗々太鼓に笙の笛

というものであった。これは「江戸の子守唄」というそうで、江戸時代からうたわれてきた子守唄だそうだ。筆者も子供のころから聞きなれた子守唄である。「子守唄」というのは、とにかく起きてむずかる子に「早く寝なさい」と呼びかけるもので、まだ物もよく言えぬ子に寝ることを強いる！　唄である。物語などに出てくる子守の姐やはお金持ちに雇われた、まだ幼さの残る女の子で、子守以外にせねばならぬ家事もあってなんとか早く寝かしつける必要があったからだろう。この「江戸の子守唄」の設定は、それと違って日ごろ子守をしていない人が、子守をしている唄であろう。なぜなら、坊やのお守りは里へいっている、と歌っている。姐やが里へ帰らせてもらっている、のだから、今日の子守役は母親かこの子のお姉さんかもしれない。慣れない子守のうえに他にすることもあるから、この子が寝ないことに困ったのだろう。里へ行っていた姐やのお土産はこの子をあやすのに使う太鼓か笛をもって帰って来た、ということであろうか。日頃子守をやっている姐やが子守の必需品として！　選んだものであろう。

中国地方の子守唄〜ねんねこしゃっしゃりませ〜は

ねんねこしゃっしゃりませ　寝た子の可愛さ
起きて泣く子のねんころろん　面にくさ
ねんころろん　ねんころろん
ねんねこしゃっしゃりませ　きょうは二十五日さ
明日はこの子のねんころろん宮詣り
ねんころろん　ねんころろん
宮へ詣たとき　なんというて拝むさ
一生この子のねんころろん　まめなように
ねんころろん　ねんころろん

という歌詞である。やはり負ぶった子か、抱いた子に「寝ろ、寝ろ」という歌詞になっている。江戸の子守唄は、「良い子だから」寝なさいと言っているが、こちらは「いうことを聞いて寝た子はかわいいが、寝ない子は〝面憎い〟と本音が出ている。「二十五日の宮詣り」は生まれて初めての二十五日に産土《うぶすな》詣り（その土地の氏神様などに）をいう。そして「一生この子がまめなように」拝むといっている。〝まめ〟はここでは「一生健康であるように」という意味である。広辞林では〝まめ〟は「忠実に」となっているが、日ごろ筆者などが使う〝まめ〟は、丈夫・健康のほかに「手抜きをしない、熱心に取り組む」様をいう。（まめに仕事をする、など）。ねんねこしゃっしゃりませは、（泣かずに）「寝て下さい」という備中の方言である。しゃっしゃりませ、は侍言葉でもよく出る「さっしゃれ」＝「しなさい」と同じである。子守唄の歌詞に出てくる「ねんころりん」とか、「ねんころろん」の「ころり」は、「ころがる様、もしくは、急に状態がかわること」をいうと広辞林にあるが、この歌詞を始めにうたった人はどちらを想定したのだろうか。筆者はこの「ころり」は眠って寝転がる様を期待したとずっと思っていたが、今まで泣きじゃくっていた子が、急に静かになって寝てくれる様を期待した、というのが正しいと思うようになった。筆者が勤めていた山陽放送のテレビ放送は、昭和33（1958）年6月に始まったが、当時は今のように終夜放送するのでなく深夜に放送終了していた。その際、放送終了のテーマ曲！　としてこの子守唄を流していた。山陰の山陰放送でもこの子守唄がその日の放送終了を告げる曲！として使われていた。

この子守唄と、「五木の子守唄」、「島原地方の子守唄」を日本の三大子守唄というそうである。熊本の「五木の子守唄」は、「寝なさい」という歌詞はいっさい出てこない、筆者が知っている歌詞は、

おどんま盆ぎり盆ぎり　盆からさきゃあおらんど
盆が早うくりゃ　はよもどる　（後略）

（因みに、〝おどん・おどま〟は〝私〟の意味だそうで、盆が早く来れば奉公が早く済んで早く家に帰れるという意味。）

と、子守の娘やの暮らしを唄っている、と思っていたら、「高屋」の駅に各地の子守唄の歌詞が紹介されていて、五木の子守唄は

おどまいやいや　泣く子の守にゃ
泣くといわれて　にくまれる
泣くといわれて　にくまれる

とあった。この子守唄も、熊本放送ラジオの放送終了に使われていたそうである。同じ熊本の天草の子守唄は、（同じく高屋駅に掲げられている）却って余計に泣くのでは、と思われる歌詞である。（福連木の子守唄）

ねんねこばっちこゆうて　ねらん児はたたけ
たちゃてねらん児は　尻ねずめ

ちょっと意味が分からない言葉もあるが、寝ない子は「たたけ」の「ねずめ」（つねる）のと少々手荒い子守唄である！「福連木の子守唄」はそのあとの歌詞、曲が「五木の子守唄」（先述の〝盆が早うくりゃ〜〟と同じ歌詞など）よく似ている。子守唄らしからぬタイトルの「宇目の喧嘩唄」は、子守さんたちが集まって、二群に分かれて唄合戦をすることを言ったらしい。今はそのメロデイが佐伯市宇目地区防災無線チャイムに使われているそうだ。例えば、まず片方が

あんこ面見よ猿まなこアヨイヨイ
口は鰐口えんま顔アヨーイヨーイ

と歌うと、相手が

おまえ面見よぼたもち顔じゃアヨイヨイ
きな粉付けたらなおよかろアヨーイヨーイ

と返す。歌詞は子守どころではないが、チャイムの節だけ聞けば曲調は子守唄である。節さえ変えなければどんな歌詞でもよい、という。おそらく子守女たちの日ごろの憂さ晴らしに思いついたものであろう。

「島原地方の子守唄」も早く寝ないと鬼が来る、と脅して！　いる。

おどんみゃ島原の　おどんみゃ島原の
梨の木育ちよ　何んのなしやら何んのなしやら

色気なしばよ　しょうかいな
早よ寝ろ泣かんとおろろんばい
鬼の池の久助どんの　連れん来らるるばい　（後略）

という歌詞で、倍賞千恵子や小柳ルミ子などが歌っている。

ここでふと思うのだが、子守唄の歌詞はその地方の風俗や行事を教えてくれるが、生まれたばかりの幼子には、歌詞の意味などわからない。その節（ふし＝曲）が脳に届き眠らせるのではないか、ということである。（言葉の意味が分かるとむしろ眼がさえてしまう！）「宇目の喧嘩唄」のメロディを聞いていて子供が泣きやむ、眠るということは、やはり歌詞でなくメロディではないかと。太古から、お経であれ、祝詞《のりと》であれ、難しい文章・喋りは節を付けることで覚えやすく、また相手にも伝わりやすい、ポピュラーにするという脳へのアプローチへのアイデアではなかったか。歌舞伎のセリフ、浪曲、狂言、能などの芸能も普通に棒読みにしゃべったら面白くないし、脳が受け入れにくいので節を付ける、というアイデアの習慣が生まれた、それが子守りの唄にも当然活用されたのではないかと、子守唄を聞いていてそのように筆者は考える。

地方の文化を唄って代表的な「島原地方の子守唄」、「五木の子守唄」は、しんみりとした曲調で先述したように日本三大子守唄と言われているが、それぞれその曲、歌詞に問題ありともめたそうだ。島原の子守唄は元々島原にあった民謡を島原出身の作曲家が編曲したとされているが、甲府でうたわれていた民謡ではないか、ともめた。五木の子守唄は歌詞が貧しい人を差別している、などのトラブルがあった、と聞いている。

「全国子守唄サミット」の看板から、つい興味を持って調べていたら、なんだか子守唄特集になってしまった感があるが、日本の唄の文化も子守唄に感じる。その代表的なものに「中国地方の子守唄」が入っていることは誇りに思うし、地元高屋の財産としてもっとＰＲしたいものである。

【ご協力（資料提供・助言など、敬称略）】
井原市高屋公民館館長　高村俊二

終わり

贋作狂言
「鬼の子守り」

廣坂武昌

鬼　「これは蓬萊の国よりまいった鬼でござる。某、以前は人を脅したり身の回りの世話を求めたりして人に恐れられていたが、ある時御仏に諭され、以降人の役に立つことをせよとのお聡しをいただいてござる。さりながら、前世の因縁でこのように恐ろしい顔になり、これは直すことがならず出会うた人が怯えまする。いろいろ思案したうえ、柔和な爺の顔の面を付けることを思いついた。今日も人に出あうことであろうから面を付け、ここいらで休ろうでいようと存ずる。（面をつけ笛座へ座る）

子守女　「これはこの辺りに住まい致す者でござる。わらわはこの辺りの所屋殿のお屋敷に雇われ、掃除、飯炊き、水汲み、風呂焚き、すすぎもの、子守りなど家事一切をいたす女で、今日も忙しう立ち回っておりまするが、今はこの子が泣きやみませぬによって、あやしておるところでおりゃる。この辺りは余り人通りもなく静かでおりゃるによって、下手なわらわの子守唄でも唄うてやりますると、この子も静かになりまする。

鬼　（起つ）「あれに子守らしい女が来る。ちょと声をかけてみょう。イヤ、のうのう、そこなひと。

子守女　「のうとおおせられるはわらわのことでござるか。

鬼　「いかにも其方のことじゃが、子守りさぞくたびれることであろう。

子守女　「イヤ、子守なぞそれほどでもおりない。他にそうじ、水汲み、風呂焚き用の小枝集めなど腰も足も覚えがないほどになりまする。

鬼　「さぞそうであろう。某は、あちらこちら気の向くまま足の向くままに旅する者じゃが、ここいらで宿をしてくるる所はないかしらぬ。

子守女　「なに、足の向くまま、気の向くまま。なにと世の中にはうらやましい人もおるものじゃ。わらわなど家が食うに困るほどじゃによってこうしてお金持ちの家に奉公に出されていることじゃ。この辺りに宿屋などないが、わらわの頼うだ人に言うてみてはと思いますするが。

鬼　「それは一段の事でござる。ところでくたびれ休めにその子をあやしてやろう。是へおろさしめ。

子守女　「イヤ、ここな人が。どこのどなたか知らぬ人に大事なこの子を預けらるるものか。それはなりませぬ。そのうえ、子守などほかのことに比ぶれば、休んでいるようなものじゃ。

鬼　「これは身共が誤った。どれどれ、（女の肩越しに覗き込む）オウオウかわいいお子じゃ。身共を見て笑うている。ああ、これこれ。そのように鼻や頬をつねったり、引っ張たりしては痛いではないか。（面がとれる。鬼の顔をを見て子守女、腰を抜かす）

子守女　「あ〜ら恐ろしやの、怖やの。悲しや、悲しや、命ばかりは助けてくだされ。

鬼　「あ〜、これこれ。身共はその様に恐ろしいものではおりない。御仏に約束いたいて人間な脅すのでなく、なにぞ人の役に立つことはないかしらぬと旅をしているものじゃ。顔の恐ろしさは直すべくもないが、心は人の情と同じじゃ。顔は鬼でも心は人じゃ。

子守女　「それはまことでおりゃるか。

鬼　「一条じゃ。

子守女　「というてこのやや子を食うではあるまいの。

鬼　「ああ、これこれ、「人を食った」ような話は人がすると聞いた。鬼はせぬいやい。

子守女　「それは人を馬鹿にする、というたとえでござる。

二人　「ハ〜ハ〜ハッ。

鬼　「坊も笑っておる。お〜、お〜。大きな欠伸をしておる。もう眠いのであろう。子守唄など唄うてやらしめ。

子守女「わらわは音痴で唄が下手でおりゃる。いつもわらわが唄うとこの子は眼をカ～ッと見開きまする。

鬼「ハ～ハ～ハ。それならば身共が聞かせう。

子守女「あのう、其方がや。

鬼「いやいや、身共が唄うではない。術を以って身共がかねて修行で降り立った土地で聞いた子守唄の音曲を聞かそう、ということじゃ。童と信心深い人なら聞こえるはずじゃ。身共は西海道の筑前・筑後、肥前・肥後、豊前・豊後、薩摩におることが多かったによって、その地の子守唄が多いがの。

子守女「聞いたこともない所の子守唄じゃ。ぜひとも聞かせておくりゃれ。

鬼「心得た。まず、始めは豊後の佐伯宇目というところの子守唄で「宇目の喧嘩唄」というがある。

子守女「なにやら怖そうな子守唄でおりゃるな。

鬼「いやいや、これは当地の子守衆が二手に分かれて唄の勝負をしたものじゃ。

(鬼が扇子を拡げ差し回しすると、笛方が「宇目の喧嘩唄」の曲を演奏する)

鬼「何と聞いたか。

子守女「聞こえましてござる。坊もやすろうでおりまする。

鬼「それでは肥後の五木で聞いた子守唄をお聞きゃれ。

(同じく扇子で差し回しする。笛が「五木の子守唄」を演奏する)

子守女「なんだか悲しそうな子守唄に聞こえまする。

鬼「どこの国でも子守は貧しい家の子の仕事じゃ。唄の文句はそのような暮らしを唄うているものじゃ。肥前の島原というところの子守唄も寂し気に唄うておる。

(「島原地方の子守唄」を笛で演奏する)

子守女「落ち着いた良い歌にござりまするな。坊も涙を流しながら寝んねしておりまする。

鬼「この地の子守唄は「ねんねこしゃっしゃりませ」じゃったな。

子守女　「左様にござりまする。わらわもばあさまのこの唄で育ちました。瀬戸の海の島々でも唄われていたと聞いておりまする。

（「ねんねこしゃっしゃりませ」笛で演奏）

子守女　「やはりこの唄が聞きなれておりまするで、一番落ち着きまする。イヤ、坊もすっかり寝込んでしまいました。わらわはこれから家に戻って家の事をせねばなりませぬ。頼うだ人に其方の宿を言うてみましょう。もう一度面を付けて下され。

鬼　「手をかけるの。

子守女　「さ、さ、こちにおりゃれ、こちにおりゃれ。

鬼　「参る。まいる。

（女に続いて二人幕へ入る）

終わり

雑誌「文藝春秋」創刊百年

生みの親、菊池寛を読み直す
代表作「真珠夫人」は、泣菫の洞察力
岡山舞台に「心の日月」モデル葉上照澄

池田武彦

新聞記者をしていたころ先輩からいわれた。「会社の社長室や社員食堂に入れてもらえるようになったら本物」。なるほど時間がかかった。お家でも一緒。トイレや台所、見せたがらないもの。そこに油断と怠慢があり勝ちだから。人とはおもしろい、わが身をさらすことはきらっても他人のことともなればその逆。芸能界や政界のスキャンダルには、手をたたいて喜ぶ。知りたがる。人間の性を見抜いて書き立てる雑誌「文藝春秋」、その姉妹誌ともいえようか「週刊文春」。遠慮なく、おもしろく書く。キズ持つ人は戦々恐々。「文春砲」に逃げまどう。「文藝春秋」が創刊から百年を迎えた。サビつくこ

高松市内の中央公園に大きな菊池寛の銅像。昭和三十一年十月の除幕式には、川端康成も出席の予定だったが、風邪のため断念

となく一世紀。創刊したのは菊池寛（明治二十一年～昭和二十三年）、出身地、高松市のど真ん中の公園に大きな銅像で立つ。小説家、戯曲家であって映画会社まで経営した。書いたものを読み直して彼の魅力にひたってみる。

中央紙のコラムを読んでいて吹き出した。戯曲家、演出家の三谷幸喜さんが書いている。令和四年度の菊池寛賞をもらっての感想を。菊池寛賞は昭和十四年四月に、菊池がキャリア十五年以上のベテラン作家を対象に創設した。その功が隠れて見えないと。第一回受賞者は、六十八歳の徳田秋声だった。秋声と菊池は、小説家協会創立に汗を流した仲である。いまは菊池寛賞は作家に限らず、芸術文化に広く活動している人が対象。で、三谷さんがいただいたのだが、コラムで「はずかしながら僕は名前と顔を知っていたけど、菊池作品を一つも読んでいなかった。賞を頂くことになり、やはりこれはまずいだろうと、まず手に取ったのが、『父帰る』。それから『入れ札』や『病人と健康者』など読んだ」。三谷さんはコラムの終わりで「菊池寛がこんなに楽しい作品を沢山残しているとは知らなかった。」あちらにいらっしゃる菊池はずっこけたであろう。菊池寛が没して七十五年になる。文壇の大親分といわれたこの人を過去の人でしまい込んでしまうのはもったいない。菊池が自宅を〝本社〟にして出した「文藝春秋」が、ことし一月創刊百年になった。おびただしい彼の書いたものを読みながら、読み返しながら五十九年の生涯を追う。

自分の価値は相当に主張す、讃岐の人

讃岐の人。現高松市天神前で生まれた。代々高松藩の藩儒だったそうだ。学者の家。孫（菊池寛の）菊池夏樹さんの記述文によれば秀吉の時代に儒学者の家になったようで、一族から菊池五山を出している。菊池寛も

かしこかった。旧制中学時代、県立図書館の本を読みあさり、五年生の十九歳では東京の新聞の課題作文に応募、入選、東京見物、行った先は帝大、早慶、やがての行く道をにらんだ。大正十五年一月、三十九歳の菊池が「文藝春秋」に記した「私の日常道徳」。一つ約束は必ず守りたい。人間が約束を守らなくなると社会生活は出来なくなるからだ。従って私は人との約束事は不可抗力の場合以外破ったことがない。ただ、時々破る約束がある。それは原稿執筆の約束だ。これだけはどうも守り切れない。また作品の批評を求められたとき、悪い物は死んでもいいとは言わない。どんなに相手の感情を害しても。さらに私は生活費以外の金は誰にも貸さないことにしてある。生活費なら貸す、貸した以上、払ってもらうことを考えたことはない。また払ってくれた人もない。次、私は遠慮はしない。自分自身の価値は相当に主張し、またそれに対する他人からの待遇をも要求する。私は誰と自動車に乗っても、クッションが空いているのに、補助座席の方へは腰をかけない。自分の悪評、悪い噂などを親切に伝えてくれるのも閉口だ。自分がそれを知ったため、応急手当が出来る場合はともかく、それ以外は知らぬが仏でいたい。

いつも兵児帯がとけて

菊池寛と生でつき合った人たちの印象は。「文藝春秋」を発刊するための相談で本郷の今東光を訪ねた。玄関先にまだ学生だった弟の今日出海がいた。「『東光君いますか、菊池寛です』とぶっきら棒に」。日出海がこれが有名な菊池かとぼんやり見ていると、「勝手に下駄を脱いで上がって来た。メリヤスのもも引きが裾から出ていて、甚だ無造作というより、田舎くさい感じがした」そして日出海に、「君、君、君、紙を持っていない」。日出海は「人の家に初めて来て、いきなり便所でクソをするとは珍しい人だと思った」。「人物菊池寛」に書いた。こののち、菊池と今東光は距離ができ、逆に日出海との接触は密になるのであるが。「人物菊池寛」の日出海は、「家へ訪ねて行くと、玄関へ必ずほどけた帯を引きずって現れ、着物はしどけなくはだけてしまう。すると帯を拾ってぐるぐると巻き、決して結ぼうとしない。文藝春秋社で私服のまま社員とピンポンすれば、おへそが出てしまう。将棋をしながら塩せんべいをかじれば、間違えて駒をかみ、さて打とうとして口の中の駒を探がし回っている人が円満な常識家であろうか」。あたたかい。さらに「菊池さんに生活費や小づかいをせびりに来るものも多かった。ふところの中からこれほどくしゃくしゃに折りたためぬ、と私は感心したほど紙クズのようにした紙幣を無造作につかみ出して与えていた」。しっかり見ている。「したことに後悔せぬだけでなく、する事にも注意を払っていたに違いない。ただやり方が無造作でサッパリしているので、鷹揚で無頓着に見えるだけである。大雑っぱな頭では大御所どころか、ろくな勝負師にもなれぬはずである」。

大正六年二月ごろ書いた「恩を返す話」は短い小説。寛永時代、肥後熊本の武士の世界を描いた。作家をあきらめ、記者一本にしようかと迷っていたころの作品。この作品を読んで「すっかり感心した」と手紙を書き、菊池が居候する成瀬家を訪ねたのが江口渙だった。江口は佐藤春夫と「星座」を出していた。菊池と江口を知る綾部健太郎の導きであった。菊池と綾部は高松の旧制中同期、専門は異なるが京大も一緒だった。江口と綾部は四高でともに学んだ。その江口の第一印象。「はじめて見る菊池寛は新思潮の『父帰る』や、『屋上の狂人』のような名戯曲をかいた作家に対する私の予想とはずい分ちがっていた。垢とあぶらでよごれきった紡績木綿のかすりのあわせによれよれの帯をしめ、どこが眼だか鼻だかわからないほどくしゃくしゃとした顔には、不釣合なふざけ眼鏡をかけ、そのかげから小さな眼をしょぼしょぼさせていた。そして短くずんぐり肥ったからだに不調和な、ほそい甲高い声でもって、やあ、はじめて。ぼく、菊池だといった」。菊池を語る話には、どの人にもたいてい帯のことが出る。菊池も気にして「私の日常道徳」に「私は往来で帯がとけて、歩いている場合などよくある。そんなとき注意してくれると、いつもイヤな気がする。帯がとけていると言うことは、自分が気がつかなければ平気だ。人から指摘されると言うことがいやなのだ」。

日本女子大に在学中、翻訳のアルバイトをもらうため丸亀市出身の学友のすすめで石井桃子が菊池寛の家を訪れたのは昭和二年。その日から通学のかたわら菊池邸に出入りし、やがて文春の編集にも加わる。「クマのプーサン」「ピーターラビットのおはなし」の翻訳、「ノンちゃん雲に乗る」「幻の朱い実」と平成二十年まで百年の一生を子どもの本と関わり続けた人。その人もエッセーで書いた。初めての菊池邸訪問の回顧。「緊張気味に少し待っているとじつに無雑作に部屋にはいってこられたのは、新聞雑誌に出て来る写真そっくりの菊池氏であった。ちょび髭に兵児帯の着流し、えらく見せようなどという気負いなどみじんもない、何度めか伺ったときは、食べかけの羊かんを棒のように手に握っておられた。（中略）挨拶もそこそこに話は私たちのお願いのことに進み、私たちは英米の日常的な習慣についての調べものや丸善に入る新刊の小説類の荒筋紹介などの仕事をいただいた。またの日に伺うということになった。（中略）先生は私たちの持ってゆく原稿を物すごい早さで読んでゆき、うん、これおもしろいねとおっしゃったり、こっちはつまらないとおっしゃったりした。そして読み終わると袂だったか、懐だったか、お金を出してわたしてくださった」。（「文藝春秋社」と私）

芥川の死に十四行の弔文

「もう三十五年以上も前、昭和六十二年十二月入ってすぐ、ホテルニューオータニで政治評論家の森田実さん（令和五年二月没）に会っての帰り、元赤坂のサントリー美術館に寄った。「人と筆跡、明治・大正・昭和」展をしていた。五十人近い文学者、学者、芸術家などの書を集めた。森鷗外の額「椿山老公生日」や「半日」のエンピツによる原稿、夏目漱石の「こころ」の原稿、墨書「則天去私」に酔い、続く藤村の「千曲川旅情のうた」のびょうぶ、志賀直哉の墨書「妙」太宰の「斜陽」の原稿に吸い寄せられた。菊池寛の三点の書の前で足が動かなくなった。墨で書かれた「小説は作家がいかに人生に處したかの報告書であり、またいかに處すべきかの意見書でもある」。黒々とこん身の力で書いている。並んで色紙。「人生恋すれば憂患多しと恋せざるも亦憂患多きを」。そして紙本墨書の弔辞芥川龍之介君よ、の呼び掛けで始まる、十四行。

「芥川龍之介君よ
　君が自ら擇み自ら決したる死
　について我等何をか言はんや
　ただ我等は君が死面に平和
　なる微光の漂へるを見て甚
　だ安心したり　友よ安らかに
　眠れ！　君が夫人賢なれば
　よく遺児を養ふに堪ゆるべく
　我等亦微力を致して君が眠
　のいやが上に安らかならん事に努
　むべし　ただ悲しきは君去りて
　我等が身辺とみに蕭篠た
　るを如何せん
　友人総代菊池寛」

菊池は弔文を一気に書いたのであろう。涙流るごとくに一行ごとに菊池の筆跡は下へ下へと落ちている。弔文は簡潔にして芥川の自死をかかえ込もうとしている。サントリー美術館は計算したのか。隣は芥川。芥川が「文藝春秋」に毎号書いた「侏儒の言葉」の原稿、絶筆とされる「水涕や鼻の先だけ暮れのこる」の墨書が。

芥川が周到な準備をして、「ぼんやりとした不安」をぬぐい切れず大量の薬を服用して絶命したのは昭和二年七月二十四日。三ヵ月前の五月には遠く新潟まで出掛けて高等学校でポーの講演もし、「歯車」も書いていた。だが「僕は現在は僕自身にももちろんあらゆるものに嫌悪を感じている」との文子夫人宛ての遺書を残して去った。三十五歳。比呂志、多加志、也寸志の十歳にも満たぬ男子を残す。枕元には聖書、数通の遺書、手記なるものもあった。それは文子夫人、書家小穴隆一、叔父、わが子らに。夫人への遺書には自分の作品の出版権は岩波茂雄に。僕は夏目漱石先生を愛するが故に先生と出版書を同じうせんことを希望すとまで記す。おどろくべきは若し自殺と定まりし時は、菊池に与うべしとの一通が。菊池へのそれは同年四月の日付。菊池寛はその年の九月の文藝春秋に「芥川の事ども」を書いた。中で「芥川の手記を読めば芥川の心境は澄み渡ってい落付き返ってい、決して生々しい原因で死んだのでないことは頭のある人間には一読して分るだろう」「僕宛の遺書は僕に対する死別のあいさつの外他の文句は少しもない」。そうして「芥川と自分とは十二三年の交情である」「僕は芥川と交際し始めたのは一高を出た以後である。一高を出て、京都に行って夏休みに上京した頃初めて芥川と親しくしたと思っている。」「芥川と僕とは趣味や性質も正反対で、又、僕は芥川の趣味などに義理にも共鳴したような顔もせず、自分のやることで芥川の気に入らぬことも沢山あっただろうが、しかし十何年間一度も感情の阻隔を来たしたことはなかった。自分は何かに憤慨すると、すぐ速達を飛ばすので一時菊池の速達として知友間に知られたが、芥川だけには一度もこの速達を出したことがない。」菊池は何度も何度も大正二年の二月の同人雑誌第三次「新思潮」創刊、同五年二月の第四次「新思潮」創刊以来の芥川との濃密な交流に触れる。菊池には悔いが残る。「芥川の事ども」で「死後に分ったことだが、彼は七月の初旬に二度も文藝春秋を訪ねてくれたのだ。二度とも僕はいなかった。これも後で分ったことだが、一度などは芥川はぼんやり応接室にしばらく腰かけていたと言う。（中略）彼の死について僕だけの遺憾事はこれである」と。作家、芥川については「彼の如き高い教養と秀れた趣味と、和漢洋の学問を備えた作家は今後絶無だろう。古き和漢の伝統及び趣味と欧洲の学問趣味とを一身に備えた意味に於て過度期の日本に於ける代表的な作家だろう」と評価し、文の終わり近くで「芥川が文藝春秋に尽くしてくれた好意は感謝の外はない」。菊池寛は芥川の好意に昭和十年「芥川賞」を創設する。

「マスク」が問う「あなたなら？」

辰濃和男さんが「文章の書き方」でいい文章の要素の一つとしてあげているのは、流れがよく、主題がはっきりしていること。菊池寛の文章はふさわしい。すっと読める。すっと読めるのだがもう一度読み直してみると、菊池のしのばせた〝毒気〟も感じる。大正九年七月、雑誌「改造」に掲載した「マスク」。短い、短い小説。この年、菊池は「真珠夫人」の大作を六月から十二月にかけて新聞連載しており、その最中に「マスク」は書かれた。大正七年夏から世界的に流行していた急性インフルエンザ、スペイン風邪の経験を踏まえる。この短編小説に登場するのは「見かけ丈は肥って居るので、他人からは非常に頑健に思われながら、その癖内蔵という内蔵が人並以下脆弱であることは、自分自身が一番よく知って居た。一寸した坂を上っても息切れがした。階段を上がっても息切れがした」。作者自身のことだろう。小説の自分は、かねて医者から「チフスや流行性感冒に罹って、四十度位の熱が三四日も続けば助かりっこはありませんね」といわれている。そこへ「流行性感冒が、猛烈な勢で流行りかけていた。医者の言葉に従えば、自分が流行性感冒に罹ることは、即ち死を意味して居た。」ために「自分は感冒に対して脅え切ってしまったと言ってもよかった。自分は出来る丈、予防したいと思った。」「自分は極力外出しないようにした。妻も女中も、成るべく外出させないようにした。そして朝夕には過酸化水素水で含嗽をした。止むを得ない用事で、外出するときには、ガーゼを沢山詰めたマスクを掛けた。そして出る時と帰った時に、叮嚀に含嗽をした。毎日の新聞に出る死亡者数の増減に依って、自分は一喜一憂した」。コロナにおびえてきたいまの私にそっくり。

やがて感冒の脅威は衰えていく。「もうマスクを掛けて居る人は殆どなかった。だが、自分はまだマスクを除けなかった」。菊池は主人公にいわせる。「病気を怖れないで伝染の危険を冒すなどと言うことは、それは邪悪蛮人の勇気だよ。病気を怖れて伝染の危険を絶対に避けると言う方が文明人としての勇気だよ。誰もうマスクを掛けて居ないときに、マスクを掛けて居るのは変なものだったが、それは臆病でなくして文明人としての勇気と思うよ」。小説に出てくる人がマスクをはずしたのは「初夏の太陽が一杯にポカポカと照して居る」ころ。五月半ば、快晴の日、好球家であったこの人は早稲田に野球見物に行く。その途中、自分を追い越して行った二十三、四ばかりの青年、その横顔を見た。「見るとその男は思いがけなくも黒いマスクを掛けて居るのだった。自分はこれを見たときに、ある不愉快な激動を受けずに居られなかった。それと同時にその男に明かな憎悪を感じた。小憎らしかった。その黒く突き出て居る黒いマスクから、いやな妖怪的な醜さをさえ感じた」。しぶしぶにマスクをはずした小説の中の人、「兎に角自分が世間や時候の手前、やり兼ねて居ることを、此の青年は勇敢にやって居るのだと思った。此の男を不快に感じたのは此の男のそうした勇気に、圧迫された心持ではないかと自分は思った。」世間に同調せず、数千人の人が集まる野球場にマスク、しかも黒いマスクで現われた若者はいったい何者か。令和五年三月から新型コロナ対策でのマスクの着用が個人の判断に委ねられた。夏が来ても、マスクしている人、まだ少なくない。やたら人のことが気になる。マスクをする勇気、しない勇気。菊池寛の「マスク」はあなたどうします？　と問い掛けてくる。私事、マスクをはずしたとがめを受けたのか、八月、一家でコロナにあった。

久米正雄の失恋「神の如く弱し」

のんびりした話である。雄吉こと菊池寛が登場して実際に起こっていた文人仲間の失恋をおもしろがる。小説「神の如く弱し」は、こんな書き出し。「雄吉は親友の河野が、二年越の恋愛事件以来―― それは失恋事件と言ってよい程、失恋の方が主になって居た―事々に気が弱くてダラシがなく、未練がじめじめと何時迄も続いて居て、男らしい点の少しもないのがはがゆくて堪らなかった。」

散々に書かれている河野とは、久米正雄のこと。菊池と久米は一高で同期、終生その仲が切れることなかった。久米は芥川龍之介、松岡譲とともに漱石門下の集まり、木曜会の最晩年のメンバーであった。週一回ペースの会に熱心に出席した久米はやがて漱石家の信頼を得、漱石の長女、筆子との結婚話が浮上する。残念ながらそうならなかった。筆子はこの小説に高田として出てくる松岡と結ばれ、久米は出入りを差し控えとなった。菊池は「河野の愛には報いないで、人もあろうに、河野には無二の親友であった高田に、心を移して行った令嬢や、又、河野に対する軽い口約束を破ってまで、それを黙許した令嬢の母のS未亡人に対する河野の煮え切らない心持は、雄吉から考えれば腑甲斐なき限りであった」と書く。「河野は生活の調子をダラシなくしたばかりでなく、創作の方面でも同人雑誌をやって居た頃の向上的な理想などを、悉く振り捨ててしまって、婦人雑誌の中でも一番下品な雑誌へ、続き物を書く約束などを始めて居た」。

当然にして金にも困る河野であった。さらに病気で死にかかる。河野のピンチにS家から援助するとの連絡。「河野はS未亡人の約束の破棄を恨んだような、それに報ゆるような意図を蔵して居る作品を、昨年以来幾つも発表して居た」。そうした不和な間柄でありながら河野の大病に金を出そうという。「それは今迄の行きがかりを悉く忘れて、河野が作品の中で、示した反抗的な復讐的な態度を、少しも意に介さないで、敵を愛すると言ったような、恩を以て怨に報ゆると言ったような、美しい純な心の発露であるかも知れなかった。（中略）それが、全くアベコベに考えられないことはなかった。今迄、自分に刃向って来た敵が、窮状に落ちて居るのを見済まして、のっぴきならぬ救助を与えて敵の今後の反抗をいや応なしに、封じてしまうと云う、卑怯な邪しまな意図が働いて居ると、考えられないことはなかった」。S家からの好意に河野は……。なんと「彼は顔を一層赤くしながら俯き加減に、じっと畳の上を、見詰めて居たようだったが、その眸は湿んで居るようにさえ、雄吉には思われた」。「雄吉が、若し河野であったならば、どんなに憤慨したかも知れないような侮辱を、河野は憤慨どころか、ある感激を以て受け入れて居る」。「雄吉は予期した通に、河野から承認や感謝を、得られなかったことに、軽い失望を感じながらも、自分の前に、じっと俯向いて居る河野の顔を―十年近くも見馴れて居る顔を、別人を見るような目新しい心持で、暫くは見詰めて居た。そして心の裡で『神の如き弱さ』と言う言葉を何時の間にか思い浮かべて居た」。作品の終わりの「神の如き弱さ」には、ディヴァイン・ウイクネスのルビを振っている。

菊池が久米正雄について書いたものには「弱気の悟道」もある。こんなに書かれても久米はトラブルにしない。久米の代表作は「破船」（大正十一年、主婦の友に発表）は、漱石の死から夏目漱石家に出入りできなくなるまでをつづった。久米は自作につき「割り合に穏な心持で芸術的な記録に止め居る余裕」と記す。菊池のすすめで新聞に連載した「蛍草」さらに「敗者」「帰郷」「和霊」と失恋体験をこれでもか、これでもかと書いた。久米を漱石邸に最初に連れて行った林原耕三は、後年パリの中華料理店で久米とばったり会っている。「彼は朗かであった。それもそのはず、彼の傍らに立っていたのは、窈窕たる大和撫子である。（中略）彼の得意や想ふべくまさに幸福の絶頂にあったであろう。」（漱石山房の人々）。久米は芥川賞、直木賞の選考委員を長くつとめ、昭和二十三年三月の菊池寛の告別式で葬儀委員長の大役をした。「神の如く弱し」を読むと、菊池寛と久米正雄の性格がくっきり。のんびりしていた久米だが粘着力があった。菊池寛は、久米を通して自分と漱石山房の距離感を書いたとも読める。ちなみに芥川は、久米の顔をみてゲタといった。長いので。菊池よりもひどいと思う。もうひとつ、林原耕三も筆子さんの夫候補になっていた。

「真珠夫人」書かした薄田泣菫の洞察力

いまから二十年前、平成十四年の「流行語大賞」に「真珠夫人」がノミネートされた。同年四月から「昼メロ」ドラマが大変な評判になってマスコミが騒いだ。このドラマの原作は菊池寛の「真珠夫人」だった。菊池が書いた長編小説の代表作だ。新聞小説。大正九年六月九日から十二月二十八日まで「大阪毎日新聞」と「東京日日新聞」に連載された。〝流行作家〟菊池寛を決定づける一作となった。この傑作を書かせたのは「公孫樹下にたちて」「あ、大和にしあらましかば」の詩を書き残す倉敷市連島出身の薄田泣菫であった。そのころ泣菫は大阪毎日で二度目の仕事をしていた。学芸部のデスクをし、原稿も書き、文芸欄の編集者の役もしていた。小島政二郎が「真珠夫人の思ひ出話」に次のように書く。「菊池は戯曲家。プロットの構成に秀でている。それにちょいと構成を大掛かりにし、テーマを大衆の理解に近附ければいわゆる新聞小説になることになる」。泣菫は菊池の才能を見抜いていた。川端康成は「（菊池と並ぶ流行作家の＝筆者記入）吉屋信子が新聞小説に近代的な息吹を与えたのも、その創始者は菊池だったと思うといった」と記す。菊池は菊池で「新潮小説を書く労苦は、純文芸小説や雑誌の長編小説に比べて、二倍三倍の苦しみである。（中略）新聞小説はストーリーも情景も人物も悉く創り出さねばならないのである。（中略）どうも、新聞小説を書くと、二三年命がちぢみそうな気がする。そのくせ、頼まれると今度こそ、いいものを書いてやろうなどと引き受けて、中途で必ず後悔する。（中略）わずか、二万や三万の読者を相手にする文芸小説より、どれだけ壮快でしかもやり甲斐のある仕事か分りゃしない」（「第二の接吻」の打明け話）。

菊池を毎日新聞に仕向けたのは、芥川龍之介だ。泣菫は文芸欄の刷新のため、大正四年ころから智恵をしぼっていた。「鼻」を書き漱石にほめられ、東京で新進気鋭の作家の一人になっていた芥川に目をつけ、大正六年十月から十一月にわたって大阪毎日夕刊に「戯作三昧」を書かせ、翌年五月には「地獄変」を同じく夕刊に掲載した。その芥川が大正七年七月、薄田泣菫に手紙を出す。「菊池寛という男は僕の友達なのですが、その中に何か一つ毎日に書かせてみませんか。そんなに悪いものは書かないと思います」。菊池が「中央公論」に「無名作家の日記」を書いたころだ。中央公論の文芸欄は当時、文士の登竜門とされていた。泣菫は芥川の提案に食いついた。時を経ず、「芥川から菊池に書くようにいってくれないか」と手紙を書く。菊池はすぐには飛びつかなかった。大正七年七月末、泣菫に手紙を出している。「拝啓　芥川から大阪毎日へ小説を書かないかと言う貴下のお言葉を伝へて来ました。私は非常に書きたいのですが　残念ながら差支へがあって書けません。といふのは多分御存知なかった事と思ひますが、私は時事新報の記者なのです。その為に幹部の方で私の名が他紙へ出ることを欣ばないのです。（中略）私は京都の文科を出て居る上に、故郷は関西なので私の名誉心は、貴紙に書きたがって居る上、文壇的にまだ位置のまとまらぬ私として貴紙に書く事は、世間的の評判を樹立すると言う功利的な動機からも甚だ望ましい事などですが、前申したような訳で、自分の職業で衣食して居るものですから、夫を危険にして迄書き切る程の勇気もありません」。三十歳の文学青年の文面。

泣菫はあきらめることをせずに芥川を介して菊池と出稿に向けてのやりとりをし、ついに大正八年二月、菊池はハラをくくる。泣菫に向け「いよいよ今月限り退社することになりましたから三月より御契約下されば有難いと思います」。芥川が菊池との同時入社を掛け合い、泣菫が応じた。大正八年三月二十一日「大阪毎日」の紙面に「両文士入社　芥川龍之介氏、菊池寛氏」の記事が出た。「毎日新聞百年史」は冷静に記録する。「大正八年三月二十一日、芥川龍之介、菊池寛ともに特別契約社員となり、入社を社告」。また新聞小説に触れた百七十八頁では、森鷗外の起用失敗にさわりながら「この経験を生かして本紙は新聞小説のジャンルを拡充した」。「大正七年には芥川龍之介「地獄変」「邪宗門」八年には菊池寛「真珠夫人」「火華」その他が連載されるがこれらは大毎学芸部長薄田淳介（泣菫）の企画であった」とある。「真珠夫人」が書かれた大正九年、その十二月、明治十二年の山陽新報の創刊に関わり、大阪毎日新聞社長もした小松原英太郎が六十八歳で没している。菊池が入ったころ、「大阪毎日新聞」の定価は、月一円二十銭。発行部数は「毎日新聞百年史」によれば、大正七年一月五日の編集営業合併会議の報告で、毎日が元旦紙数五十三万六千部、東京日日が三十五万九千七百部だった。

菊池は「大阪毎日」の社会部勤務の辞令であったが、早くも入社翌月の四月には、和事師の祖とされる藤十郎をイメージした「藤十郎の恋」を掲載した。大正五年二月の第四次「新思潮」用に書いて没になった戯曲の焼き直しであったが、役者の坂田藤十郎が人妻に恋を仕掛けてその反応を役作りに生かす残酷なストーリーでリアリティーに富む。この作品の中に「〝てんごう〟を言うてなるものか」のくだりがある。私、昔、友達に「てんごういうな」といって、相手から「何？　それ」と首をかしげられた記憶がある。なつかしい。藤十郎の作品は内外での評は上々、五月、菊池と芥川はるんるんで長崎旅行をした。こんな経過があって「真珠夫人」は世に出た。「真珠夫人」が紙面に出ていた大正九年、内外せわしかった。一月早々、アメリカで共産主義者大検挙。国際連盟発足。二月、八幡製鉄の二万人のストライキ、三月に入って平塚らいてう、市川房枝らが新婦人協会結成、五月初のメーデー。八月大本教取り締まり指令、十月最初の国勢調査が行われ、十一月明治神宮が完工、なおスペイン風邪は消えずであった。菊池が書いた真珠夫人も世のうつろいを反映してか波乱に富む。

物語は瑠璃子というヒロイン、女主人公が父親を破滅させた人物の懐に飛び込んでじわじわとつぐないをさせる流れをメーンに、大正期の住宅模様、サロンの風景、アクセサリー、ファッションなど世相を細かく、入念に盛り込む。このヒロインに読者は次第次第ある実在の女性を連想していった。その人は白蓮こと柳原燁子。白蓮は大正四年歌集「踏絵」を世に問い、その序文に「白蓮は藤原氏の姫なり。王政ふたたびかへりて十八の秋、ひむがしの都に生れ、今は遠く筑紫の果にあり。」と書いた。同八年にも「几帳のかげ」を刊行した詠う人であった。明治四十四年炭鉱王、伊藤伝右衛門にとついでいた。その後大正十一年になって宮崎竜介に走り、伊藤とのやりとりが連日新聞に出た人。瑠璃子のふるまいが、伯爵家の娘、親子ほど歳の差があった伊藤に再婚した白蓮の生きざまと重なった。菊池の仕事事情に通じている川端康成は昭和三十五年十二月に出版された「菊池寛文学全集」のための解説で、「初めてであっただけに、菊池氏のこのような用意労苦に、新鮮熾烈な熱情が脈打っている。それはやや生硬で高調子な文章、やや常套で誇張の形容詞の多用にもうかがえる。菊池氏は非常な意気込みで、これを書いたのが明らかである。」「また、作中に二つの殺人があったり、瑠璃子が復讐のために結婚をし、多くの男を誘惑し、翻弄したりする筋ながら、家庭の読物としての健康さを保っているのは、菊池氏の通俗小説の心得であった。」昼のテレビドラマの原作として注目された「真珠夫人」、文藝春秋社は急きょ文庫化した。平成十四年八月第一刷、平成三十年六月には十二刷になっている。化け物のような作品である。「真珠夫人」の〝受け〟で自信を持った菊池は、大正十四年三月から同紙に「火華」を書く。

「入れ札」が小朝落語になる

三谷幸喜さんの菊池知らずにもおどろいたが、落語の春風亭小朝さんが、菊池の「入れ札」を落とし話、落語にした大胆にもびっくりした。これも短い小説。大正十年二月、「中央公論」に書いた。さらに四年後の大正十四年十二月には戯曲にして同じ雑誌に発表した。もう百年も前の作品だが、苔むすどころか、いまに読んでもピッカ、ピッカ。一時は小学校の教科書にも入っていたと記憶する。中学校に入って図書館で読んだ。小説の方を。「入れ札」は幕末の悪党、国定忠次（忠治）が主人公、いや出てくる。清水次郎長とともにさまざまな形でいまに伝えられる二人のアウトローだが、次郎長は　富士の裾野の開墾で評価され、七十三歳、畳の上で大往生できた。かたや忠次は関所破りや仲間内の殺し合い、役人ごろしの罪をとがめられ、四十歳にして八本のヤリを使ってのハリツケ、無残な死に様だった。赤城山にこもって悪さをしていた忠次だったが、厳しい取り締まりによって七百人もいた子分が一人減り、二人減りしてとうとう十数人になり、信州に逃げる決心をする。上州より信州へかかる山の中。

「国越えをしようする忠次の心には、淡い哀愁が感ぜられて居た。それよりも、現在、一番彼の心を苦しめて居ることは、乾児の始末だった。忠次としてはここまで一緒の十一人を連れて他国を横行することは不可能とみて、手頃の二、三人を伴って信州追分に転がりこみたかった。だれを連れて行こうか、自分の心のうちでは決まっている。忠次はそれを自分の口からいい出しにくい。忠次は胴巻きから五十両包みを三つ出して、めいめいに志を立てて落ちてくれと切り出す。だれもだまり込む。筆頭格の浅太郎が「お前さんばかりを、一人で手放すことは出来るもんじゃねえ」といい、釈迦の十蔵が「くじ引きがいいや」と提案する。嘉助が「何を言ってやがるんでい！（中略）手前のような青二才に籤が当って見ろ、返って親分の足手纏ひぢゃねえか。」と反発。忠治は半時ばかりしてふと一策を思い付いた。それは自身で自ら選ぶ事なく、最も優秀なる子分を選ぶ方法だった。「俺一人を手離すのが不安だと言うのなら、お前達の間で入れ札をして見ちゃ、どうだい。札数の多い者から、三人だけ連れて行こうじゃねえか」。入れ札。投票。入れ札と聞いたとき、九郎助は、稲荷の九郎助は悪いことになったと思った。忠次と漂浪した時間は一番長いが、いまは自分の位置が露骨にくずれていると思っていた。札が入らない、三人の一人に選ばれないのでは……。九郎助は票を読む。十一枚の札のうち浅と喜蔵に票が集中、二人は当格、もう一人に自分が入るには二枚でいいか。一枚は確実に弥助が九郎助と書くだろう。さて弥助の他に自分に入れてくれそうな人物の当てがなかった。一片の半紙を手にした九郎助に筆が回ってきた。「筆を持って居る手が少しブルブル震へた。彼は紙を身体で掩ひかくすようにしながら、仮名で『くろすけ』と書いた」。

「『賭博は打っても、卑怯なことはするな。男らしくねえことはするな』。口癖のように怒鳴る忠次の声が耳のそばでガンガン鳴りひびくような気がした」。入れ札の結果、浅四枚、喜蔵四枚、嘉助二枚で決まり。残り一枚が自分で書いたくろすけの一枚。忠次は自分の思い通りの人間に札が落ちたのを見ると満足して切り株から立ち上がる。九郎助は激しく自戒する。一人で逃げる九郎助に追いついた弥助。九郎助に「十一人の中でお前の名を書いたのは、この弥助一人だと思ふと俺あ彼奴等の心根が全くわからねえや」。九郎助がこのウソをとがめれば、自分の恥しい所業を打ち明けねばならぬ。「自分があんな卑しい事をしたのだとは夢にも思って居なければ、こんな白々しい嘘を吐くのだ。と思うと、九郎助は自分で自分が憎くなって来た。晩春のお天道様が一時に暗くなるような味気なさを味わった。」とんとんと読んでしまえるのに、甘酸っぱいものが残る。菊池寛がせまってくる。「どうです、あなた、こんなこと、心当たりありませんか」。「あなたは九郎助ですか、弥助ですか」。「入れ札」は、いまだに色あせない。

戯曲「入れ札」は作品発表直後の大正十五年一月、市村座で仁左衛門と尾上菊五郎らで上演された。この戯曲では九郎助と弥助がストレートに語る。「九郎助　俺、かう思ふんだ。浅には四枚へいらあ。喜蔵は三枚だ。すると後に四枚残るだろう。その四枚の中で俺二枚取りていのだ。お前は俺に入れてくれるとして。（九郎助ぢっと弥助の顔を見る）弥助（だまってうなづく。）九郎助　お前が一枚入れてくれるとして、アトの一枚だ。俺、此の一枚をとるためには、片腕でも捨てたいのだが。みんな書き終えて、喜蔵が読み上げる。結果に忠次は一足先に立つ。舞台に九郎助と弥助だけ。ト書きに九郎助の顔は、凄いほど蒼い。黙然として考えている。弥助　お前、よっぽど入れ札が気に入らなかったのだな。（中略）十一人の中で、お前の名を書いたのは、この弥助一人だと思ふと、おらあ彼奴等の心根が全く分からねえや。九郎助（憤然として）此の野郎、手前はほんとうにかいたのか。その後の舞台のやりとりで、弥助のウソがばれ、九郎助は脇差に手をかける。弥助　だが不思議だな。俺がかかないとしたら、それを誰がかいたんだろう。そして気が付いて……弥助　阿兄、まさか　お前か自分でかくようなケチな真似はしねえだろうな。舞台中央で九郎助はわっと泣いて幕が下りる。

令和四年一月、文藝春秋社から「菊池寛が落語になる日」が出版された。著者は小朝師匠。菊池の書いたものを換骨奪胎、落語にする。小朝は二十五歳にして二十六人抜きで真打昇進したつわもの。芸歴五十年、大銀座落語祭、六人の会世話人、クラシックとジャズのプロデュースなどと、なんでもやり、書くこともできる。いまから七年前より「菊池寛が落語になる日」の独演会をスタート、「入れ札」「時の氏神」「マスク」「病人と健康者」などを落語の形にした。事前、入念に関係者に仁義を切って。小朝落語の「入れ札」は、九郎助が黒。黒が峰のところへころがり込んでいる。もう忠次は処刑されている。（ハリツケは寛永三年十二月だった）。落語は黒と峰の会話ですすみ、途中に昔の回想話が入る。黒は峰に入れ札の件を語る。「いざとなりゃあ、てめぇのことしか考えてねェ、そんな自分が情けなくてな」「だからお峰、俺はこれから名乗って出てお縄になるつもりで」。「馬鹿なことお言いでないよ。そんなことしたらお前さんの首は胴についちゃいないんだよ」「そんなこたァわかってらァ。でもなァお峰、親分はこれから地獄への長旅だ。途中何があるかわかりゃあしねぇ。地獄の鬼たちから親分を守ってやれるのはこの入れ札をもらった俺だけだ」。見事なオチがついた。小朝師匠は「入れ札」を落語にしたが、高知大学の田鎖数馬教授は、浅太郎、喜蔵、嘉助の三人に票が集中していた事に注目、九郎助だけでなく、この三人の中にも自分の名を書いた可能性が作品から十分に読めると「菊池寛『入れ札』に見る集団と個人との関係」という論文を書いた。（雑誌「文芸もず23」）。拝見して脱帽した。菊池寛は普選一回目（昭和三年）と東京市議選（昭和十二年）に出馬している。まよわず自分の名で入れ札をしただろう。

菊池を愛する人らで出されている「文芸もず」。高松市菊池寛記念館が発行、創刊号と近刊23号（左）

讃岐弁で「父帰る」

「入れ札」と同じように戯曲「父帰る」もしばしば舞台化されてきた。中学校や高等学校の演芸部もよく取り上げる。昔も昔もそんな〝子供芝居〟を見た。どこでだか、思い出せない。ただ登場人物がかわす讃岐弁らしきなまりが耳に残っている。

大正六年一月、同人誌「新思潮」に発表している。二十八歳の時の作品。四月に結婚を控えていた。「父帰る」は一幕。時、明治四十年頃と設定、所は南海道の海岸沿いの小都会。情景は中流階級のつつましやかな家。六畳の間。十月初め、午後七時に近く戸外は暗い。妻子四人を捨てた父親が二十年ぶりに帰ってくる。書き出しは。「賢一郎　おたあさん、おたねは何処へ行ったの」。「母　仕立物を届けに行った。」「賢一郎　まだ仕立物をしとるの、もう人の家の仕事やこし、せんでもええのに。」「母　そうやけど嫁入の時に、一枚でも余計え着物を持って行きたいのだろうわい」。菊池の出身地、讃岐弁で話す親子四人。しばらく黙って食事をしていると、表戸が開いて「御免！」の声とともにやつれた父親が姿を見せる。長男の賢一郎が「あなたは二十年前に父としての権利を自分で棄てて居る。今の私は自分で築き上げた物じゃあ。私は誰にだって世話になって居らん」と、父親追い出す。幕が下りる直前、長男の賢一郎が翻意「新！　行ってお父様を呼び返して来い。」とさけび、新二郎と狂気の如く走

中央公園、菊池寛通沿いにある文学碑。「父帰る」の一部が刻まれている

り出す。三十分程の芝居になろう。

最初に舞台に掛けられたのは、大正九年十月。市川猿之助の春秋座公演、新富座であった。初日招待されていた江口渙が「その頃の菊池寛」に「父帰る」の初上演の模様をくわしく書いている。「招待された者の席は、正面二階座敷の右の角に取ってあった。私がいったときには、もう芥川に久米、里見弴に吉井勇、それから佐々木茂索や小島政二郎もいた」。もちろん作者菊池寛もその中にいた。「舞台の上の筋はこびと、俳優の情熱的な演技とが、見事に一本になって、まこと呼吸もつかせぬ感動的な芝居であった。父親が力なく立ち上がって息子の家を去ろうとする頃から階下の平土間でもすすり泣きがきこえ出して、猿之助の賢一郎が立ち上がって父を追い求めるころになってそれが平土間一面にひろがった。私もやはり、おさえてもおさえても涙がでてくる。いつか涙は頬からあごへ流れおちた。」「幕がおりてやがてパッと電灯がついた。となりにいた芥川を見ると芥川もハンケチでしきりにまぶたをふいている。久米の頬にも涙がとめどなく流れている。（中略）涙をふいて立ち上がった私は、すぐうしろにすわっている菊池寛をふりかえった。その瞬間、思いかけないものをそこに見て、また、新しい感動が私をおそった。作者の菊池寛まで泣いているのだ。菊池寛はあぐらをかいたまま、しばらくは立とうとしない。とめどなくあふれた涙は、彼の頬をすじになって流れているのだが、それをふこうともしない。（中略）いつか眼鏡のガラスさえもぬらしてしまった。やがて彼は眼鏡をはずして手巾でふいて、その手巾で眼をふいた。だが、やっぱりだめだ。とうとうたもとからはな紙を出して何度も何度

菊池生誕の地にあった碑も中央公園の文学碑の横に

も涙と一しょに鼻水をぬぐった。」長期新聞連載中の「真珠夫人」の好評、新富座興行の満員盛況で、菊池は安どの涙であった。春秋座を旗揚げしたばかりの二代猿之助もまた涙、涙であった。昭和に入って九年十月の雑誌寄稿文「戯曲と小説」には「『父帰る』は、僕の実生活から出てゐる」と。叔父さんのことのようである。高松市の中央公園に設置された菊池の文学碑は『父帰る』の一つのセリフを刻んでいる。「新二郎　おたあさん／今日浄願寺の椋の木で百舌が／啼いとりましたよ／もう秋じゃ。」むくの木、モズ、菊池幼年期の遊び相手であった。浄願寺でのこと。その寺は文学碑の近くにあった。

「勝負事」は、「ほれぼれ」と、井上ひさし

ベストセラー作家の井上ひさしは、希代の読書家であった。「菊池寛の仕事」を書くに当たって菊池の作品を読み込んでいる。小品「勝負事」を「短い作品だが、ほれぼれするほどうまい」とほめている。「新小説」の大正九年一月号に発表した。「神の如く弱し」や「死床の願ひ」（婦人公論）「出世」（新小説）「形」（大阪毎日新聞）などは同時期。こんなに書き散らかして、と思う。菊池は筆がはやかったからあまり苦でもなかったのだろう。井上ひさし手放しの「勝負事」は〝独り舞台〟みたい。（勝負事について）「私の友達の一人が、次ぎのやうな話をしました」で始まり。あとはその友達が終わりまでずっとしゃべり続ける。友達の話というのは、勝負事、賭博で一文なしになるじいさんについて。さんざんに遊んだじいさんが目覚めたのは、六十歳過ぎて。それからは馴れない百姓仕事に精を出す。死ぬ三ヵ月ほど前のこと、田のわらづみのかげから声がする。じいさんが勝負事をしている。「『今度は、俺が勝だ』。と、言いながら祖父は声高く笑ったさうです。その声を聞くと私の母は、ハッと胸を打たれたさうです。屹度、古い賭博打の仲間が来て、祖父を唆して、何かの勝負をしているに違ひない、と思ふと、手も足も付けられなかった祖父の、昔の生活が頭の中へ浮かんで来て、ゾッ

と身が顫ふほど、情けなく思ったさうです……。」このじいさんの勝負の相手は孫だった。積み重なって居るワラの中から一本ずつ抜き合い、その長さを比べていた。「『今度も、わしか勝ぢゃぞ。ハヽヽヽ』と、祖父は前よりも、高々と笑ったさうです。それを見て居た母は、祖父の道楽の為に受けたいろいろの苦病に対する恨みを忘れて、心から此時の祖父をいとしく思ったとの事です。祖父が最後の勝負事の相手をして居た孫が、私であることは申すまでもありません。」一文なしになったじいさんが最後になって救われる。井上のごとくにあっぱれな作品とは思わぬが、プロは私とは目の付けどころが違うのだ。菊池も勝負事は好きだった。将棋、マージャン、競馬、自ら天皇賞の前身のビッグレースで優勝した名馬も持っていた。

池田光政も宇喜多直家も小説に

「菊池家の創作には、ずばりタイトルが人の名前だけ、というのが意外と多い。「石本検校」「石田三成」「塙田右衛門」「俊寛」「新太郎光政」「ゼラール中尉」「家光と正盛」などがその一例。「新太郎光政」は、江戸時代初期、寛永から寛文時代にかけての岡山城主。四十年余の在城中に熊沢蕃山を登用し、新田の開発や藩校の設置などで名君だったといわれてきた。菊池の作品もそうした光政の人柄をうかがわせるものだ。ざっとした筋書き。光政の近習、青地という武士が秋の一日、天気が良いので「五匁銃を手に「鳥打」に出掛け、旭川をさかのぼる。歩るけど夫人に約束した鴨はおろか「五位鷺」「鶴」もいない。川添いをどこまで行っても際限ないので渡しがあったのを幸いに向こう岸へ渡り、狩りをしながら城下へ引き返すことにした。「馬鹿馬鹿しい。今度から死んだとて、鉄砲打などに来るものか』とひとりごと。ぶつぶついいながら五町ばかり、数百《メートル》川添いを歩いたところ、「森林一帯からかまびすしいほどに鳥の声がきこえて来た。雁の声もすれば、鵠の声もする。鶴の声もする。さっと飛び立つ一群の鷺があるかと思ふと列を乱して降りて来る雁の群れもある。」

だがそこには「御鷹場。鳥類捕る者屹度厳科たるべし」の制札が立っていた。お鷹場の中を急ぎ足で帰ろうとするが、十羽にあまる雁は、日なたぼっこ、御領主の外は何者をも恐れない様子。近習、青地は怒り、火縄を煙硝に近づける。一瞬のことであった。「轟然たる音がして、強い反動が激しく左源太の右肩を打った」。二羽の雁が落ちていた。「御雁場の鳥を捕れば、百姓町人は打首、士分の者は切腹である」。たちまちのうちに二人の鳥見役人に見つかり、とがめられて竹内流の太刀で一人を切り捨てる。一人は城下へ逃げ去る。青地左源太は落ちた二羽の雁を拾い上げ、鉄砲の銃身にひっかけて役人が逃げ去った同じ道をたどる。菊池の筆はここから城内に移る。

新太郎少将は家老池田大学が言うことを一々うなづいて聞いた後、四半刻ばかりだまってゐた。「困ったな」。やっと彼はほんたうに困り切ったやうに言った。「お困りになるわけはないではございませんか」。「いや、何と申しても士の命は鳥には換へられないよ」。青地を呼ぶ。

その夜初更近くになって、左源太は麻上下をつけて主君の御前遠く平伏してゐた。「なぜ、鳥見の衆を斬ったのぢゃ」。光政の言葉はきはめておだやかであった。「されば、ついむら〳〵と発砲いたし鳥見の衆に見咎められた上は、もはやこれまでと存じました」。新太郎はもうひとつ問う。打ち殺した雁を持ち帰ったのは一段の曲事ではないかと。「されば、「命に替えました雁、賞味致さぬも不本意と存じ、携へ帰り二羽とも料理いたし妻ともどもも腹一杯賞翫いたしました。」。「は、、、、」。新太郎少将は腹を抱へて笑った。「聞えた。だが、以後はつゝしめ！　いゝか、今宵は登城した序でぢゃ。泊り番を申しつくるぞ」。裁きは寛大。作品を読めばだれしもすっとしよう。冷えたサイダーを飲んだ感じ。岡山藩の鷹匠は、中出石町と弓之町の間の武家地に住んでいた。県立美術館近くに「鷹匠町」の碑が設けられている。池田光政は儒教信奉者、それを菊池は承知し、「有斐録」も読んで書いたであろう。菊池はモズとりが得意だったようだ。大正十五年五月、この作品と同じころに書いた「家光と正盛」も千住の鷹場から始まる。また「信康母子」も徳川信康の岡崎城外の狩りから始まっている。

名君、池田光政を取り上げた一方に策略の人とされる宇喜多直家の側面を描いた「謀略」がある。「日の出」の昭和八年八月号に掲載された。そのころ「日の出」と「キング」に矢継ぎ早に短編を書いた。「謀略」は、直家が岡山城主になるずっと前、沼城主の時代の話、直家の次の目標は、竜ノ口城の攻略。沼城の奥書院で腹心の岡郷介と索をめぐらせる。その索とは……。乱読の菊池寛、とっくに「備前軍記」や「龍口落城記」「宇喜多戦記」を読んでいて直家のはかりごとを書くに及んだと思う。鷹場に指定された場所は、狩りが厳しく禁示されたため、留場とも呼ばれた。「岡山藩の史料をみると、法令として出されたものに『殺生御留場』『鉄砲御留場』『御留場』あるいは『御法度場』という表記がある」と、岡山地方史研究で佐藤良子氏が書いている。岡山藩の留場は、城下からほぼ五、六厘以内にあった。原、龍ノ口、湯迫、祇園などに。戦略的な意味もあったと思う。石坂善次郎編、発行の「池田光政伝」を読むと、「公又《また》鷹狩、鴨打等の狩猟を好み屢々《たび》藩士農民を擧《こぞ》りて半田山、牟佐、鹿久居島等に猪狩を行へり」の記述が見られる。

将棋五段、「将棋の師」を

欧米に破れ、悲嘆にくれていた昭和二十年九月、菊池は日本将棋連盟から五段の栄をもらった。もちろん名誉五段ではあるが、なかなかのものだ。棋士の推薦や指導員らの推薦によって与えられる。現在は五段の申請料金は十一万円を少し上回る。菊池の場合こうした手順を踏んだかどうか。それはそれとして菊池は強かった。好きであった。横光利一や直木三十五らと顔が合えば指している。菊池寛記念館には、正座して久米正雄と指す写真がある。

「新小説」大正十年十月号に菊池は「将棋の師」というきわめて短いものを書いた。「倖は御所の中を走って居た。うららかな春の午後である。淡く澄んだ空に、もうスッかり緑色になった叡山が、御所の屋根越に、のびやかに聳えて居る」。俥に乗った彼は出町橋の東の袂にある床春という理髪店を訪ねようとしている。菊池は京大時代、将棋を理髪店主からしこまれた。「その店の主人は、彼の将棋の先生だった。京都に学生生活をして居た彼にとって、将棋は娯楽以上、遊戯以上の何者かであった。」菊池は京都の最初ほぼ一年は、カネなく、土地勘なく、学校も本科ではなく専科ということでひとりぼっち。独自雑誌発行も挫折、沈んでいた。彼のそうした寂しさと無聊とを、救って呉れたものは将棋であった。将棋を指すことは彼にとっては、新しい一つの生活であり、彼が発見した一つの新しい世界であった。最初にその新しい世界に導いたのは、高松中、京都大で一緒だった綾部健太郎だった。菊池は定跡本を読み時を忘れる。「床春の主人は、自分自身将棋が可なり好きだった。（中略）よく仕事の合間を見ては、学生さん、一つ行きませうかと言って盤に向かった。小肥りして大きい赤ら顔の男で、彼が少し考へ込むとそれを自烈ったかるやうに駒で盤の腹をパチンと叩く癖があった。が、親切にいろいろな指手を教へて呉れた。彼は、最初此の主人に二枚を落とされても勝てなかったが、一年半ばかりの間に一枚でも勝が見えるやうになった」。「将棋を教はる御礼は頭を刈って貰ふことだった」。菊池は十分生えていない髪やひげを切ったり、そってもらった。この店には菊池のほかに将棋目当ての常連がたくさんいた。菊池は岩はんという印刷所づとめの人と、留はんという精米所の車引とよく指した。京都の菊池は不愉快なことが少なくなかったようだが、毎晩のように将棋を指しに行った床屋、その主人には離れてもなつかしみをおぼえた。それで忙しい作家になって久し振りに床春訪問。この小説の頭である。彼は出町橋近くでも酒好きの主人のみやげに一升びんの「白鶴」を買った。

「床春といふ小軒燈の字を見たとき、彼は言い知れぬ懐かしさを感じた」。「一升瓶を手にして、俥から降り、そして扉を開けた。見ると、暗い店の中に客が一人居た。その客の顔を若い女が剃って居た。『親方は居りますか』。主人もお神さんもとまりがけのお詣りで留守だった。がっかりすると客の顔を剃っていた若い女がはじめて彼の顔を見た。『まあ、あなたは木村はんやおまへんか』とおどろく。あのころ十二三の少女が時々主婦にしかられていたことを思い出した。『よく覚えて居たね、僕の名を』。そう言いながら彼は持って来た一升瓶を中に入って、香水等を置いてある棚の上へ置いた。そして、自分の名刺を横へ置いた。主人夫婦に会へなかったことは残念であったけれどもその頃十二三であった少女までが自分の名を覚えて居て呉れたことは、彼には堪らなく嬉しかった。あの容子では、主人も屹度彼の事を忘れないで、時々は話して居て呉れるのに違いないと思た。主人が帰って来て、彼の訪問を知っての欣び方も彼には想像が付いた」。「その彼の眸に、灰色の若葉を透して、下賀茂の社の床の玉垣や神殿が映り始めて居た。」。下鴨神社は、菊池寛が京都の中で大好きな場所であった。

このやわらかい短い小説を書いたころ、菊池は日本脱出を本気で考えていた。「真珠夫人」「慈悲心鳥」と人気とりながらブルジョア作家と批判されていた。大正十年十一月の初め、「大阪毎日」の薄田泣菫に手紙を出している。「前から考えて居たことですが、今度愈《いよ》々外遊することを決心したのです。」この手紙で思い切って二年ほど外国に行き、大成したい、思想家として偉くなって来、社へも恩返しをする。「不定期通信員としてもらって外遊中給与を今の倍の二百円くらいにしてほしい」と頼んでいる。新聞社は菊池の願いにこたえなかった。洋行計画は消えた。菊池が自己変革をめざす過程で、ふっとかつての将棋の師を訪ねたのだろうか。日本将棋連盟は昭和二十三年三月、菊池に将棋六段を追贈している。菊池の将棋好きは、文壇では泉鏡花に並ぶ。

心眼勝負の「石本検校」

「将棋の師」を書いた次の次の年、大正十二年十月五日号の、「サンデー毎日」に「石本検校」を書いた。将棋指しの話。将棋五段の菊池ならではの内容。御城将棋で知られる幕末の天野富次郎と石本検校が、深夜、雨に打たれながら江戸の街路で歩きながら盤なし、心眼で勝負する。殺気を含んだ一手一手の展開。「七六歩」と角道を開けたところから勝負が開始される。それに「三四歩」。「検校は勇気凜然として答へた。「二六歩」「四四歩」。「しめた。角道を止めた」。「天野は心の中で欣んだ。彼は、敵が角道を止めてくれると、いつも指し易い気がした。菊池はたんたんと筆の駒を進める。熱戦模様。検校は立ちつかれて、しゃがみ込んで打つ。雨が小やみになり、軒先を出て歩きつつ指し続ける。天野の目には東の空がほのぼのと明るくなるのが見える。百手目だった。「七三角ナル」。これに検校はうつむいたまま半刻ばかりもうずくまったまま立ち上がらなかった。目の不自由な検校が天野にけんかを仕掛けて、勝負がついた。二人は京橋から芝口まで黙々と歩いて別れた。指し手、駒の進めを一手一手書いた異色の小説。検校はこの一局でさらにけんのんな将棋を指し続けたであろう。高松市内の菊池寛記念館の遺品展示コーナーには、菊池が使ったカヤの木でつくったであろう立派な将棋盤がある。駒で擦り切れたか、升目はまったく消えている。

「文春の賑やかしに」芥川、直木賞

「平素はあまり本を読まない人でも二月と八月は、本屋をのぞくという。芥川賞と直木賞の受賞者、作品を新聞やテレビ、ＳＮＳがはやしたてるからだ。純文学を対象にした芥川賞、エンタメ作品のすぐれたものから選ぶ直木賞。今夏もそれぞれ１６９回の栄誉者が決まったばかり。両賞を創設したのが菊池寛さん。雑誌「文藝春秋」の昭和十年一月号で芥川、直木賞つくると宣言した。宣言文で菊池は「芥川、直木を失った本誌の賑やかしに亡友の名前を使おうと言うのである」と。少し照れている。芥川龍之介は昭和二年七月に、直木三十五は昭和九年二月に没している。あっけなく親友二人を失った菊池は二人の名前を後世に伝えようと、両賞を設けた。今日、文人に与える賞はたくさんあるが、いずれも話題性では、芥川、直木両賞にはおよばない。

直木三十五は「南国太平記」が代表作。これは幕末の薩摩藩中のどたばた劇。飽きない。直木は体調不良の時に書いたが、作品は元気。昭和六年六月から半年間「大阪毎日」「東京日日」に掲載された。高校時代に図書館で読んだ。六高受験のため岡山に来て、お城だけ見て帰った人と聞いていたので。長編の「南国太平記」を借りた。歴史の教科書を読んでいるみたいであった。あまりに長いので一回目は飛ばし読みした。いま直木三十五の名を知り「南国太平記」を手にした人は少数派だろう。この直木さんは多芸、出版社を経営、文芸雑誌を出し、戦前戦後の大スター、月形竜之介と組んで映画製作もした。四十三年の生涯、大変に忙しかった。菊池との接点は……。直木から近づいた。初めて会ったのは、大正九年十一月の末。早大時代の同級生らと出版社をつくり、雑誌を出していたのに目が出ず、右往左往していた。古里の大阪で田中純らが世話人になった文芸講演会計画があるのを耳にし、これに便乗、使い走り役をした。来阪する菊池寛、芥川竜之介、宇野浩二らを東京まで迎えに行って、当日の開演に間に合わせる役であった。道中、直木は先輩文人をさんざんに遊ばせる。菊池は大阪での「真珠夫人」の公演成功に大満足していたころ、カネもないのに大わざを仕掛けてくる直木にいたく同情もし、感動した。以後、懐に入って来るのを許す。直木は翌年、久米正雄や里見弴らが発行していた雑誌を引き継ぎ、中央の文壇に売り出す。その次の年、大正十一年三十一歳の時、本名植村宗一、植の字ををバラし、直木三十一と名乗り出す。かつて菊池が在籍していた時事新報に三十一の

高松市昭和町のサンクリスタル高松の三階に菊池寛記念館。生家の推定模型や書斎など復元している

筆名で文芸時評を書く。翌大正十二年一月、菊池が「文藝春秋」を発刊すると、直木は三十二の名で創刊号に「路上砂語」を書く。それから直木はこの文春に「文壇ゴシップ」を連載、毎号の編集立案の軸にもなった。大正十三年の文藝春秋十一月号に直木三十三は「文壇諸家価値調査表」をでっち上げた。当時の作家を並べて採点をした。芥川龍之介は、資産はこっとう、腕力ゼロ、人気86、未来97。本人の直木三十三は資産＝借金、腕力20、人気78、未来80とご満悦。恩人の菊池寛は、人気１００、資産28万円、腕力72、未来96と甘い。今東光などはなぶられている。菊池寛は「新作仇討全集」の序で直木について触れている。「直木三十五は当代の奇人であろう。家賃を一年平気で溜めていると同時に十円の借金を容易に口に出せないほど弱気である」。昭和元年から筆名は直木三十五になって「南国太平記」「楠木正成」「足利尊氏」「伊賀越の仇討」と時代物を書きまくり、昭和六年春の「自筆小自伝」には少し落ち着いた自分を記す。「資産は自動車半分、菊池と文春と三者にて使用」。ロードスターの中古に乗っていた。自動車半分に加え、刀剣少々と書いている。趣味は将棋と碁。文藝春秋社に入りびたっていた。菊池と碁と将棋の一騎打ち。それは死の少し前まで続く。残されている直木の写真を見ると芥川龍之介に似ている。

芥川はなんと戯曲「直木三十三」を書いている。大正十四年の暮れに直木の「新作仇討全集」が出て、芥川は第一巻に「序に代ふる小戯曲直木三十三」を。読んでみてこんなバカバカしいものも芥川は書いていたんだと感心した。芥川は菊池とともに大阪で直木に初めて会った時からつかず離れずのつき合い。直木の全集のはなむけにこの戯曲を贈った。戯曲舞台に登場するのは支那服姿の直木。大阪の晩秋の市街地。直木に数十人の編笠をかぶる武士がからむ。堀部安兵衛、荒木又右衛門、宮本武蔵ら。どれも直木の創作物に出てくる歴史上の人物。直木と武士らのいざこざの最中、せかせかと菊池寛と沢田正二郎が出てくる。菊池が「よう、直木、しっかり！」。たったこれだけで芥川は直木をしっかり、菊池と一緒になってサポートしている。こうしてつづっていけば、菊池が直木賞、芥川賞の文学賞を設けた背景が分かってくる。

昭和十年八月の第一回選考会以来、書く人が欲しがるようになった芥川、直木賞。第一回の芥川賞は石川達三の「蒼氓」だった。「逆行」の太宰治が本命と見られていた。が、高見順、外村繁らと落ちた。石川は父親の転勤で高梁、岡山にいたことがある。旧制関西中学で学んだ。芥川賞の選考委員は十一人だった。親分の菊池に久米正雄、横光利一、川端康成ら仲良しグループ。石川達三はブラジルへの移民船に乗った経験をルポルタージュ風に書いた。時代を反映した作品であった。世の人は石川を知らず、受賞作の「蒼氓」が読めず、その意味も分からずであった。作品「蒼氓」は、「改造」の懸賞応募のため石川が書いた。落選し、仲間の同人誌に載せたもの。バツイチなのに「社会小説のはしりだ」と菊池が強くいった。落ちた太宰は選考委員の一人、川端康成が文春に書いた選評にぐちった。一枚五十銭くらいで原稿を書いていた石川達三がもらった賞金は五百円、勤め人の給料が月五、六十円が相場のころ。本賞は懐中時計。授賞式は文藝春秋愛読者大会の席上、日比谷公会堂。すべて菊池の演出。一方、最初の直木賞は、川口松太郎に。「鶴八鶴次郎」「風流深川唄」で。大仏次郎、吉川英治、久米正雄、菊池寛ら八人が選んだ。石川は社会派作家のレッテルを張られ、後に色紙に「筆鋒雄健　千人敵」と書くようになった。後日のことになるが石川は菊池寛賞ももらっている。芥川賞、岡山に縁のある作家では、小川洋子、吉行淳之介、吉行理恵の兄妹がもらった。画期的な芥川、直木賞の創始であったのだが「文藝春秋」の昭和十年十月号「話の屑籠」に菊池は明かしている。「賞の発表には新聞社の各位も招待して礼を厚うして公表したのであるが、一行も書いて呉れない新聞社があったのには憤慨した。」

「面白く読ませなきゃあ」文藝春秋創刊

菊池寛は大正十二年一月、雑誌「文藝春秋」を創刊する。辞書「広辞苑」（第七版）に見る。「代表的な総合雑誌の一つ。一九二三年（大正十二年）菊池寛が創刊、文芸随筆誌として発足したが、やがて広範な読者層を狙った総合雑誌に転換」と記す。創刊百年。孫の菊池夏樹さんの書いたものを読むと、当初は『牙城』といかめしい案もあったらしい。結局、菊池が前年に評論随筆を集めて発行した単行本の題名を移したようだ。それにしても藝は書きづらい。とっくに「広辞苑」は文芸春秋になっている。藝は技と解され、なお種をまくという意味もある。この原稿は文藝春秋、あるいは文春で書いた。

　岡山県立図書館で創刊号を手に取ることができた。いまの「文藝春秋」よりも一回り小さい。二十八ページ。薄っぺら。一冊十銭。「中央公論」や「新潮」の半値以下。三千部刷ったらしくすぐに売れた。発行所は東京、小石川区林町十九番地。そのころの菊池寛の自宅である。発売元春陽堂。いま手元にある表紙に村上裕二さんの絵「赤獅子を君は見たか」を使った令和五年二月号は、六百三十ページ、定価（税込み）千三百円。ずっしり重い。三十五歳の菊池寛はポケットマネーをはたいて文藝春秋を出した。そのころの彼は「真珠夫人」が当たり「大阪毎日新聞」へ書き「中央公論」「新潮」「改造」「新小説」などからも原稿依頼があった。金銭的には少し余裕はあったのだろう。創刊号をしばらく見てみよう。表紙が目次にもなっている。左でとじあわせている。表紙を追う。創刊の辞、もちろん菊池寛。以下右側から左へ目次。侏儒の言葉、芥川龍之介、新劇の力量、菊池寛、荷風のこと、中戸川吉二、放言暦、今東光、林金花の憂鬱、川端康成、路上砂語、直木三十二と、執筆者、その作品

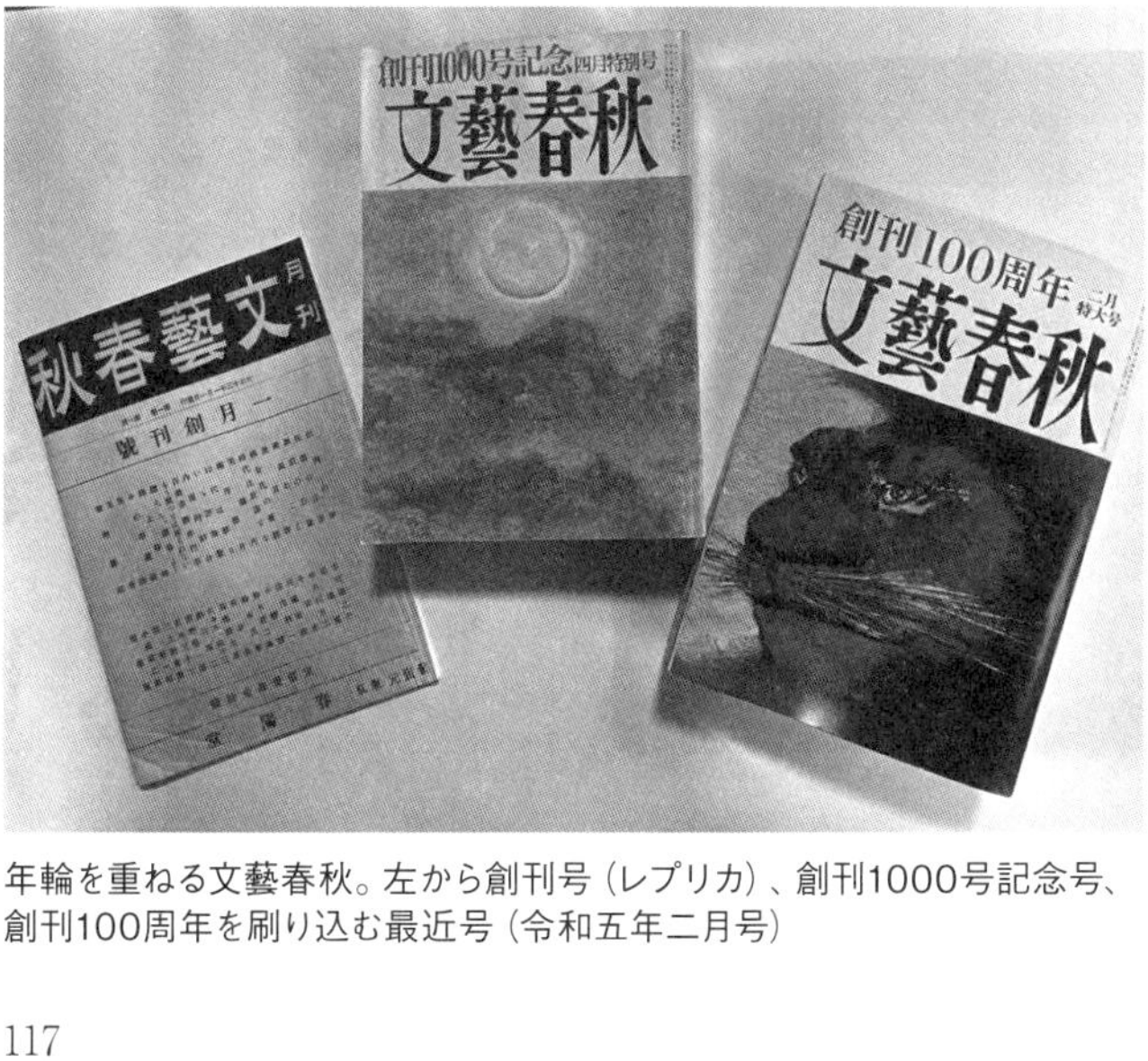

年輪を重ねる文藝春秋。左から創刊号（レプリカ）、創刊1000号記念号、創刊100周年を刷り込む最近号（令和五年二月号）

名が連らなる。表紙をめくると、わっと六号活字が見る目を圧倒する。四段組。いまも文春はグラビア写真のあと、しばらく数人の随筆を四段組で掲載する。創刊時の文春は、随筆だけの文芸雑誌だった。菊池寛の創刊の辞。「私は頼まれて物を言うことに飽いた。自分で、考へてゐることを、読者や編集者に気兼ねなしに、自由な心持で云って見たい。友人にも私と同感の人々が多いだらう。又、私が知ってる若い人達には、物が云いたくて、ウヅウヅしてゐる人が多い。一は自分のため、一には他のため、この小雑誌を出すことにした」。ということで、物がいいたくて、ウヅウヅしている人が書いた。芥川の「侏儒の言葉」は以後毎号続いた。創刊号の「侏儒の言葉」は「一星」。天文学、ヘラクレス星群等の星について書いている。宇宙の大に比べれば、太陽も一点の燐火に過ぎない。など。菊池は創刊号の巻末で「投稿も取る。無名の人でも言説が面白ければ採る。が、取捨選択は絶対に編者に付してもらいたい」。広く誌面開放をアピールした。

文藝春秋は平成六年四月、創刊1000号特別記念号を出している。文中、かつて文春の編集長をした半藤一利が「文藝春秋執筆者番付の研究」のタイトルで大変に読ませる原稿を書いた。執筆者番付をつくったのである。大正十二年一月号から平成五年二月号までの全寄稿家一万二千七百四十七人の寄稿数を調べた。相撲の番付のようにした。まずは東方、張出横綱は菊池寛、執筆回数三百九十一回。正横綱は松本清張百七十七回、大関司馬遼太郎百三十二回、関脇戸板康二、小結大宅壮一、前頭は御手洗辰雄、久米正雄、田中美知太郎、武者小路実篤と。西の正横綱は井上靖の百四十一回、大関は江藤淳百三十一回、関脇は小泉信三、小結河北倫明、前頭筆頭は草柳大蔵、以下、山本夏彦、里見弴、川端康成、横光利一、正宗白鳥ら。欄外に大関直木三十五、執筆回数百二十一。前頭芥川龍之介六十六回。〝思想〟はどうでもよい。話を持っている人に書かせた。東方の前頭八枚目に立花隆の名。彼は文春に東大を出てすぐに、二年ほどいた。彼はこの文春1000号記念号で朝日新聞記者の兄、橘弘道と対談した。立花の発言をつまみ食いしてみると「月刊誌というのは面白く読ませなきゃいけないんだけど、新聞記者は読ませる工夫が抜けている人が多いんだね。情報をストレートに投げ出すだけでいいと思っている」「文藝春秋にはよく有名、無名、いろんな人がへえ！　この人はこんなに筆が立つのかと思うような面白い文章を書いているけどそれは編集者が聞き書きでまとめたものが多い。原稿でもらう場合も面白くなければ、その人のＯＫをとって編集者が書き直したりする。雑誌にはいろいろあって中央公論のように偉い先生の原稿が多いところは、書いた原稿にはいっさい手を触れない。文春は読者にわかりやすいように徹底的に手を加える」。菊池寛の手軽で、おもしろい雑誌づくりは一世紀経過しても息づいている。立花隆（本名、橘隆志）は、昭和四十九年十月「文藝春秋」に「田中角栄の研究」をまとめ、角栄氏の政治生命を絶つ。惜しいかな、文春ゆかりの半藤、立花両氏、一昨年に没した。

「慈悲心鳥」は、川端康成が助っ人

ノーベル賞作家、川端康成が代筆したといわれる長編「慈悲心鳥」を読んでいる。平成六年三月に高松市菊池寛記念館が刊行した菊池寛全集第五巻は、長編小説集一で「真珠夫人」「毒の華」「火華」と「慈悲心鳥」の四作が入っている。女性向けの雑誌「母の友」に大正十年五月号から大正十一年六月号まで、十四回にわたり、掲載された。前年の六月から十二月に掛けて「大阪毎日新聞」と「東京日日新聞」に連載した「真珠夫人」の成功で原稿依頼に悲鳴をあげていた。二月「入れ札」三月「島原心中」四月「乱世」、創作のかたわら七月設立を予定し、徳田秋声と小説家協会の準備にも追われていた。「島原心中」は、「真珠夫人」と一緒に読めばとても楽しくなる。そんな日々なのに五月「慈悲心鳥」の連載を始めた。「半自叙伝」に明かしている。「『真珠夫人』は幸ひにして、圧倒的な批評を博して、私の通俗長編作家としての位置を確定した。私は、その頃婦女界社から出してゐた母の友と言ふ雑誌に「慈悲心鳥」と云ふ長編小説を、連載したが、二つとも成功であった」。小説家協会設立のケリをつけると「俊寛」「将棋の師」も発表、翌大正十一年三月から「大阪毎日新聞」への「火華」連載も決まっていた。いくら天分、創作に対する情熱があったとしても「慈悲心鳥」を書く時間をどのようにひねり出したのか、不思議。長編になるのだから準備もあったろう。用意周到、菊池の身上だ。

そんな状況の菊池の〝助っ人〟として川端康成の名前が出てくる。川端は一高を経て東大生だった大正九年の十月、第六次の「新思潮」を発行しようと、石浜金作ら同級（文科一回生）と菊池邸を訪ねた。発刊の了解を得るため。川端は初めて会った文士が菊池であった。菊池は愛想よく対応した。ほとんど〝探る〟ことをしないで発行を承諾した。川端は「真珠夫人など」（昭和三十五年十二月）で「こちらはまだ大学一年生だし、緊張と不安をいだいて門をたたいたのだから、あっけないほどで、うれしかった」と回想する。この日をきっかけにし、川端は「だらしなく菊池さんに金の無心をつづけた」（昭和三十五年三月、「菊池さんと私」）。後年文藝春秋の創刊にも横光利一、中河与一、今東光らと編集同人になった。菊池は家に来る若い人を甘やかせる滋味があった。川端はどんどん甘え、つんのめるほどだった。菊池が「慈悲心鳥」を書くころ三十三歳、川端は二十二歳。問題の作品「慈悲心鳥」は、掲載誌の読者層を意識して泣かせる内容だった。ハラハラと。少し変わった手法で書き出す。頭の第一章、二人の男性にいい寄られ、思い余って生田川に身を投げる生田川伝説を菊池流につづっている。「早春の日が、うららかに摂津国菟原郡芦屋の里を照してゐる。今から千年も昔の話である」。二章から舞台は東京の本郷に。女学校を間もなく終える静子さんが、政治家の父親のところへ出入りする二人の法学士に愛され、めったやたらに行動する八年間の物語。「手巾」「妾」「卓子」「仮令」「書斎は孰らです」など少々がまんして読んでいれば、結構没入できる。話がどんどん動くので退屈はしない。

平成二十八年七月に出版の八木書店「菊池寛現代通俗小説辞典」は、「この作品は菊池一人の執筆でなく、菊池がプロットを作り、それを元に川端が代筆した」と明快。川端にそれだけの筆力があったのか。東大の学生、それも英文科だった。菊池のよろしい、の返事をもらって仲間と大正十年二月、新思潮を発行、第二号に掲載した「招魂祭一景」が、菊池や久米正雄からいいね、とほめられてはいた。同年十二月には「南部氏の作風」（「湖水の上」の評）が「新潮」に載って、商業誌から初めて原稿料をもらっていた。菊池は「招魂祭一景」とともにこの年川端が書いた「南方の火」「彼女の盛装」「暴力団の一夜」「海の火葬」など読んでいただろう。川端は確実にポイントをかせいでいた。信頼を得ていたのだ。川端は大正十一年五月二日、菊池寛から速達をもらっている。「川端君、例の仕事ハ今月で終わらせるやうに頼まれたから、自分でまとめたいと思ふから、そのつもりで、君のかきかけたものを送ってくれ。参考に見るから、五月一日、きくち生」。「例の仕事」とは。速達が着いた二日、その日の川端の日記が残されている。「昨晩十二時に就眠。しかも十一時に床を離る。慈悲心鳥を書かんとして筆執れず。午後三時過ぎ寛氏より速達。（中略）慈悲心鳥は四月始めに完筆の筈なり。延び延びて月を重ぬ。寛氏に申訳なし……。」菊池寛からの速達は「真珠夫人」の連載が六月号で終わることになった、もう時間が無い。書きかけでよいから郵送してほしい、あとは自分が仕上げるからの意味だ。で、川端はどうしたのか。同日の日記の続き。「洋服歩いて菊池氏宅に行く。途中、南陽堂に「民衆芸術論」と「人さまざま」とを売り、辛うじて五十銭を得たり。敷島を買ふ。……」。原稿を郵送すればよかったのだが「郵税の金なし」。川端は本郷駒込から小石川中富坂の菊池の家へ自分で届けた。菊池は留守、包《かね》子夫人に原稿をあずけた。日記の終わり近く「今日も下宿代、同作によりて得る五十円を外して見当なし」。「慈悲心鳥」の最終章「愛すればこそ」はあっけなし。二人の男は亡くなり、静子さんはその死に立ち会う。大和物語、生田川のようにあわれな終章ではない。菊池が川端の生煮え原稿に手を入れ、終章にこぎつけた。川端は「慈悲心鳥」の連載が終わった大正十一年六月から国文科に転科し大正十三年三月卒業、十月、同人雑誌「文芸時代」を創刊、文士道をきわめて行く。昭和五年「新潮」二月号に掲載の「望遠鏡と電話」を読んでみた。何やら菊池の「真珠夫人」や「慈悲心鳥」に似て恥ずかしいかぎりであった。

記者もして漱石の訃報書く

新聞記事も書いている。菊池は大正五年七月、京都大学英文科を卒業した。そのころ、京大の卒業生は毎年、三百人ほどだった。卒論は「英国及び愛蘭土の近代劇」。東京に戻った。一高中退時から京大卒まで物心ともに支えてくれた成瀬家にまた寄宿した。もう二十八歳になっていた。「新思潮」に初めての小説「身投げ救助業」を書きつつ、経済的な自立めざして就職口を探す。博文館を訪ねるが、学士はいらん、で希望かなわず。頭に来て京大恩師の上田敏の葬儀にも出なかった。成瀬家の口ききで十月、有力紙時事新報の社会部に入れた。時事新報は明治十五年、慶応の福沢諭吉らの手で創刊、中立的な政論紙と評価されていた。二年半在籍した。「半自叙伝」に「新聞記者生活を一時腰かけだと思っていなかった。だから私は真面目に勤務した。二年半の間、怠けたことは一度もなかったし、殊に入社当時は記者としての腕はないにしても言い付けられたことだけは真面目にやっていたと思う」と振りかえる。本人がいっているのだから間違いなかろう。成瀬家当主、正恭氏のお古を着ての出勤だったらしい。入社して間もなく、同年十二月九日夕刻、夏目漱石の容態悪化した、と、松岡譲から休日で家にいた菊池に電話が入る。社会部長の千葉亀雄からも「休みに悪いね。君、漱石に会っているんだろう」と病状につき調べ、最悪になった時の記事を書くよう指示してきた。菊池は松岡と漱石邸に向かう。松岡は菊池を電話のある漱石の家の近くの食堂に待機するようにいった。菊池は夕食前、そこで飯を食った。

やがて漱石邸は騒然とする。漱石の一番の弟子と自認していた森田草平は「夏目漱石、臨終」にくわしい。「私は新聞記者係りを命ぜられていろいろとちったような半間なことを言い記者からも妙な質問を浴せられたことは前にも書いておいた。日が暮れてから最後に菊池寛氏が時事新報の文芸記者としてやって来た。当時氏はすでに二、三の作を発表して、作家としても相当名をなしていた。氏の質問に応じてなにかしゃべるにしゃべったが、なんと言ったか、いまでは一つも覚えていない。氏も上の空で私の言うことなぞまるで耳に留めていないように見えた。(中略)明くる日の時事新報を見ると私の言ったことなぞてんで一つも書かれてはいない。氏は徹頭徹尾自分の考えでよい加減にその日の記事をまとめていた。つまり形式的に材料《ねた》取りにやって来たので、人の話なぞ聞く気は最初からなかったのである。他人を食っているなどとは思ったか、私も責任を免れたような気がしてほっとしたものである」。

菊池が書いた記事。見出しは「文壇一方の権威漱石氏胃潰瘍にて死す」。「文壇の重鎮としてまた一個の人格として多数が青年渇仰の的になりし夏目漱石氏は先月末より宿病なる胃潰瘍再発して病床に在り去る二日一度重態に陥りしも再び恢復をつたへられしに去る七日以来病俄に革り真鍋、南、宮本三医学博士が熱心の医療も其効なく九日朝に至りては全く危篤の状態に瀕し食塩注射を施せしも何の反応もなく午前十時頃には親戚知己門人等をして全然絶望せしめ告別の式を行ふ程なりしがカンフル注射意外に効を奏し氏は僅かに口を利いて食物を要求し一匙の葡萄酒を摂り人々をして稍安堵せしめしが午後に至りて病態再び進み友人門下生等が焦慮の甲斐もなく午後六時五十分を以て遂に死去したり、享年五十歳……。」このあと臨終の場にいた人の名を書き、漱石の経歴を記す。この記事には久米正雄や森田草平、小宮豊隆の名があがるが、芥川や松岡は入れていない。菊池の夏目邸での行動は、相当にあたふた、居合わせた門人から菊池はあせったと軽べつされたとも。

菊池の記者時代の戦いぶりはいろいろに残る。漱石死去のあくる日、大山巌が死去、同年十二月十七日、日比谷公園で国葬が行われ菊池も取材した。フロックコートでなければ参列できなかった。菊池は困った。江口渙の「その頃の菊池寛」によれば、友人からフロックを借り、出掛けたが、フロックが入らない、小さくて。菊池は丸裸になってフロックを着用、参列した。十二月の寒空に菊池寛はふるえあがった。昭和九年十月の「雄弁」には「僕はこの頃多くの名士に会ってゐる。だが僕は訪問記者としては、いつまでやってもうまくはならなかった。僕は人に会ふのが苦痛だった。僕は記者を、一年半してゐたが、いつが来ても人と会ふのがいやだった」と書いている。

〝グロテスク〟漱石の「閻魔堂」評

「大正五年七月の木曜日の夕刻、菊池は初めて漱石の家を訪れ、文豪に会った。発刊したばかりの第四次「新思潮」第六号の感想を聞こうと芥川、久米、成瀬と四人で。一緒する予定だった松岡は手違いで欠けた。芥川、久米、松岡はすでに木曜会の常連になっていたが、菊池は京都、その機会を失っていた。

成瀬正一は洋行するのでそのあいさつがてら菊池同様にこの日初参加であった。菊池は久米、芥川から木曜会の席で、漱石が菊池の書いた前号の戯曲「海の勇者」について「短いことは短かいが、あれはあれでよくまとまっているよ」とほめたのを聞いている。

その日の様子は……。大正八年八月十八日から「大阪毎日新聞夕刊」に連載された小説「友と友の間」でよく分かる。小説の中では菊池寛は「雄吉」芥川は「並河」、夏目漱石は「松本藻石」、雑誌の「新思潮」は「×××」芥川の作品「鼻」は「眼」、木曜会は「金曜会」などに〝化けている〟。「四人は玄関から右に折れて、ゾロゾロと松本さんの書斎に入った。雄吉は、座に付く前に、チラリと松本さんを瞥見した。それは折々写真で見たやうな松本さんとは違って、思ひの外に憔悴した姿であった。髪には白髪が幾本となく交って居た。顔には何処ともなく、老年の影が満ち渡って居た。松本さんの書く小説の中の溌剌たる警句や、華やかな人物にばかり接し馴れて居た雄吉は、その作者のそれらの作品とは、遥に隔けはなれた、どちらかと言へば衰へた姿をいたましく思はずには居られなかった」。菊池はちらり見どころか、じっくり観察、半年後に没する漱石をあわれむ。「あ、八月号の×××は、大抵読んだがね」。と松本さんはとりとめない世間話が一通り終わると、一寸語尾を改めた。漱石は久米や芥川の書いたものを遠慮もなく批評していく。「が、×××に対する松本さんの批評が、もう尽きかけたと思はれる頃だった。松本さんはその鋭い一瞥を雄吉の方に振り向けたかと思ふと、『あ、さう〳〵君の脚本も読んだよ。ありや駄目だね。閻魔が人間を喰ふなんて、何の積であんなものを書いたのかね』と、言いながら松本さんはニヤリ〱と苦笑ひのやうな微笑を洩した」。菊池は辛うじて対応する。「『人力以上の、超自然な力と言ったやうなものを書いた積です』。『そりや悪いと言はないが、全体にもっとさうした空気が出て居なければ駄目だね。あれでは、おしまひに閻魔が人間を喰ふところが不自然で、嫌なグロテスクな感じ丈しか受けられないよ』と、松本さんは落着いてゆったりした口調で言った。」漱石から「閻魔堂」をたしなめられた。菊池の出席したこの日の木曜会、小宮豊隆もいた。しきりに戯曲書かれては、と漱石にすすめた。これに色々と芝居の悪口をいった。脇でやりとりを耳にした菊池は『先生は劇的幻覚を信ぜられないのであった。』と、「先生と我等」に。その日から菊池が自ら漱石邸に近づくことはなかった。

大正五年十一月十六日付けの手紙をニューヨーク滞在中の成瀬正一に出した。漱石が。「芥川君は売ッ子になりました。久米君もすぐ名が出るでせう。二人とも始終来ます。菊池君丈は新聞記者で忙がしいので来ません」と書いている。菊池の漱石邸再訪問は、漱石死の当日であった。漱石を訪ねて「新思潮」の仲間の前できびしい採点をもらった菊池寛の「閻魔堂」はどんな戯曲だったのか。たわいもない作品ではある。舞台はある大都会の山の手、大寺の境内にあるえんま様の座る堂の中。夜。蒼明な月光が大なるえんまの姿をおぼろげに浮き立たせる。そこへいたずら盛かりの小坊主さん、そうしてこれまた僧形の少年、秀寛、彼は少女を待つ。小坊主群と、秀寛、少女の二組が入れ替わり、入れ替わりして舞台に現れる。秀寛は少女とたわむれる。小坊主らは二人のうわさしながらちょいいたずら。子供の非行防止に霊験があるえんま様が最後にきついお仕置。えんまの口が大きく開いて小坊主さんを飲み込み、知らん顔でまた大きな木像に。漱石はグロテスクな作品とといった。漱石にも「夢十夜」のような創作もある。菊池の書いた「閻魔堂」を劇的幻覚を信じる余裕のない漱石に見せたのがいけなかった。菊池は大正八年の夏、小説戯曲集「我鬼」を刊行する際、この作品のタイトルを「奇蹟」に変え、内容の一部も書き換えた。漱石の言を気にしたのか。

「奇蹟」の頭。「秀寛、小姓上りと見え、美しき雛僧、忍び足にて右の戸口より来て周囲を見渡す　秀寛　何だつまらない。お弁坊はまだ来て居ないんだなあ。ぢゃあお経をもっと丁寧に読むんだった。仕方がねえや。お閻魔様の相手でもして居ようかな」。昭和六十年に入って文藝春秋社は、写真週刊誌に近い雑誌を出した。当初誌名を「閻魔」にしていた。が、スタッフの「？　冗談じゃない」で「Ｅｍｍａ」にした。それでも同年六月二十五日の日付の入った創刊号の表紙をみると「Ｅｍｍａ」に沿うように「エンマ閻魔」の刷り込みがあり、なお閻魔にこだわった。始めからドタバタし、二年足らずで廃刊になった。なんでえんまだったのだろう。

「Emma」の創刊号。表紙は二十歳になったばかりの沢口靖子さん

「映画は感情や思想や知識を培ふ」大映社長に

菊池は文筆家であって事業家、映画人でもあった。大正十五年六月、文藝春秋で雑誌「映画時代」の創刊を発表した。「今度『映画時代』を出すことになった。自分達は映画の将来を信ずるから映画方面にも大いに活躍したいと思ふ。『文芸』『演劇』『映画』と此の方面の雑誌を出して居れば如何なる時代が来ても文藝春秋社は時勢に遅れることはないだろう」。先じて演劇雑誌を復刊したばかり。「映画時代」を通じて菊池はシナリオ作家の育成に力を入れようとする。菊池は映画を観賞してシナリオのまずさを感じていたよう。常々「映画は脚本が先ず第一」といってきた。菊池にとって映画とは。しばらくの後、大日本映画協会が出していた雑誌「日

本映画」（菊池が監修）の昭和十五年十一月号で「映画くらゐ大衆的な芸術はない。現代の青年男女で、本を読まない者はあっても、映画を観ない者は絶無と言ってよい。従って映画は若い国民にとっては、感情や思想や知識を培ふ種である。」といい「映画は現代の文化面で、このやうに重大な役割を受持ってゐるのである。」と強調した。

こうも書いている。「日本映画」の昭和十六年五月号「シナリオの重要さは芝居の脚本の場合と同じに論じられるようになった。しかし、その撮影所も優秀シナリオの払底を嘆いている。映画雑誌のあいだにも、良いシナリオを載せようとして、一種の競争が起きてゐる。雑誌が、かうして映画化を決定したシナリオを争って載せることも、シナリオ向上にいくぶん役立つだらうが雑誌独自の立場から、もっと積極的に、シナリオの秀作を生み出し、従って、それだけ日本の映画を良くするといふ役割を果せないものだらうか」。菊池はこの原稿を書いた当時、大日本映画協会の常務理事、映画審議会委員など戦時中に、かけて映画制作に大きな影響力を持っていた。「映画時代」は、昭和五年八月から文藝春秋社の手を離れた。継承の「映画時代」の編集をエノケンと並ぶ笑わせる俳優古川ロッパが一時担当していた。ロッパはすぐれたエッセイストでもあった。

国策によって昭和十七年一月、五社ある映画制作会社を三つにすることが決まった。松竹と東宝は残し、日活、新興キネマ、大都映画を統合、「大日本映画制作会社」が設立された大映の誕生である。フィルムは配給旧三社の大借金をそのまま継承、永田雅一常務ら覚悟のスタートだった。肝心のボス、社長が決まらない。永田は大阪のフィルム取次店の社長に話を持って行った。「荷が重い」とことわられた。さらに合併時の交渉に裏取引があったと永田が身を拘束されるトラブルも生じ、頭の不在は一年以上にもなった。「大映十年史」の中で永田雅一は「何等の準備交渉も行っていないが、わが意中にある社長は当時の文壇の大御所と称せられた菊池寛先生、株主並びに私の先輩を煩わして菊池先生に交渉してもらった。芸術家、企業家として当代一流、前出したように官民の映画関係機関とのつながりも深い」。永田は交渉に時間が掛かると思っていたが、菊池は即ＯＫと返事をした。昭和十八年三月末の社長就任、戦後昭和二十二年三月まで四年間トップの役をした。大映の初代社長は菊池寛であった。昭和十八年五月の「日本映画」であいさつした。「僕は大映社長の役を引きうけることになった。その感想は、すでに方々で述べてゐる。とにかく僕は一文化人である。世間の人たちが、大映社長としての僕に、何かを期待してゐるとすれば、それは、戦ひつゝある日本の総力を強化するやうな映画を専念制作するといふ事にあるだらうと思ふ。そして株主も映画人も、今日、映画といふ文化事業の使命の重大さは、充分知ってゐるのだから、僕の気持をよく理解して、本気で協力してくれるに違ひないと思ふ」。菊池が社長在任中、昭和十八年の大映の制作本数は二十一、十九年十六、二十年十二。この間、五所平之助監督の「五重塔」（昭和十九年八月封切、幸田露伴原作）菊池がシナリオを書いた「菊池千本槍」（昭和十九年一月封切）などがある。千本槍には、市川右太衛門や月形竜之介が顔を出す。月形竜之介ははかつて直木三十五と一緒に映画制作会社を経営し、菊池とも交わっていた。菊池は実質的に大映を仕切っていた永田雅一に戦後社長職を渡した。菊池の大映での功績とは永田を育てたこと、と書いている専門家もいる。

大阿闍梨、葉上照澄モデルに、心の日月

岡山が舞台となる「心の日月」。雑誌「キング」に。昭和五年一月号から昭和六年十二月号まで二十四回。二年の長期連載、連載の途中に映画化された。「キング」には昭和三年六月号から昭和四年十月号まで十七回にわたり「東京行進曲」を書いたばかり。

「心の日月」は、頭から岡山の美しいヒロインがお出まし。女学校の卒業式の様子。「祝辞がすむと、いよいよ卒業生総代の答辞である。皆川麗子は満場の人々の視線を一身に浴びながら、最前列から、五六歩前に進み出た。彼女は、その才華と美貌とで、二三年来、旭東女学校の華とうたはれてゐた。眉と眼とがすぐれて美し

く、一寸眉をひそめて遠方をみつめるときなど、そこに夢のやうなほのかな翳をつくって、見る人の心を惹かずには、ゐなかった。口もとは恰好のいゝ鼻に比べると、少し落ちていたが、それでも色が白くどこかモダーンな匂があって、この学校と丘一つ隔てた六高の学生などは、彼女の名前を知らぬものはない位だった。彼女は三日もかゝってかき上げた、答辞の草稿をとり上げた。そして美しい声でよみあげた。」答辞の中で麗子さんは「操山の緑、地蔵川のアカシアの並木など門田界隈を語る。岡山の地で岡山の人が物語を展開していくのだが、卒業式が終わって学友と別れを惜しむ。その一人、「とし子は、麗子と比べると半分ほども美しくはなかったが、しかし色白の丸顔に、どこか愛くるしいところがあり、学校の制服の紫紺色のセーラー型の洋服に、グリーンのネクタイをした姿が、一番子供らしく無邪気に見えた。」ここまで読んで旭東女学校は、山陽女学校、いまの山陽学園と分かる。この学校はそのころ六高に近い場所にあった。女学校の皆さん、岡山弁でしゃべらない。数行を取り上げて見る。「麗子は、そのあくる日学校へ行くと、教会に一しょに行って居るお友達に訊いた。『あなたが知らない。山陽教会へ行ってゐる人で、村の付く人を。』『その人、女の人？』『男よ』。『知らないわ。男の人なんか。なぜ？』『なぜでもないの』。麗子は少し顔を赤くして、そのまゝだまってしまった。」小説は一時教会に通ったヒロインが聖書を忘れ、教会に奉仕で出入りしていた六高生がそれを届けてくれる。山陽教会とは門田屋敷にあった旭東日曜学校のことだろう。二人はつき合い出した。六高生、磯村は東京の大学、麗子は後を追う。

物語はこうして東京に移っていく。家出した麗子は列車の中で大阪から乗って来た女優と相席する。「彼女は発車してしばらくすると、麗子に話しかけた。『お一人でいらっしゃいますの。』『えゝ』。『おさびしいでせう』。『えゝ』『わたくし、これで月に二三度は関西へ参りますので、汽車はすっかり馴れてゐますけれど……』『……』（中略）『どちらからお乗りになりましたの』。『岡山からですの』。『岡山、わたくしの国は高松ですの』『まあ！』『お向ひ同志ですね。私も、岡山はよく通りました。でも宿ったことは一度もありませんけれど。今度は、学校へでもお入りになりますの』『え、。まあ……』。ここから岡山と香川の人が終わりまでからみ合う。「心の日月」は「おえん」とか、「まああがられえ」などの岡山弁をしゃべる人は出てこないものの「旭川の上にかかっている相生橋」や「春が来るのが早い山陽道の都会では、もう後楽園の桜が咲き始めてゐる頃だった。」「岡山市で一番の呉服屋である天満屋の番頭が毎日のやうにつめかけて来た」など菊池はよく調べている。文中に「丸ビルガール」「円タク」「雄大な幌型のパッカード」「職業婦人」「オレンジエード」「近所のお湯屋」等々、世は大恐慌でおびえていただろうに、読者はしばしゆったり気分になれたのだ。「心の日月」にはモデルがいた。岡山県和気町出身の葉上照澄、春子さんご夫妻。昭和六十二年十月、葉上照澄さんは、日本経済新聞「私の履歴書」を書いた。十月八日、第八回。見出し「わが恋　すれ違いの愛　実る」。文中「女房の友だちを介して菊池寛の小説のモデルに」。「私たちの恋のエピソードを」。と。葉上さんは宗教家。岡山中学、六高、東大哲学科と学び進み、大正十五年春、大学を卒業して大正大でドイツ語、倫理学、哲学を教えた。春子夫人は山陽女学校を終え東京の学校で学んだ。山陽女学校の春子さんは葉上さんにとってあこがれの人だった。「私の履歴書」に書いている。春子さんを追うように葉上さんも東京に。「心の日月」は、昭和四年の〝仕込み〟。菊池寛は春子さんルートから葉上夫妻の恋路を聞いて「心の日月」を書いた。小説の「麗子」と「磯村」がお二人だろう。それにしても……。葉上氏は天台宗の寺の息子、七年掛けて千日回峰行に挑み、達成、大阿闍梨といわれる。若き日、大恋愛があった。葉上は春子夫人を三十三歳にして失う。結核だった。彼は昭和十六年東京生活にピリオドを打ち岡山に帰った。合同新聞で論説記事を書き、敗戦直後のミズリー号での降伏調印も取材した。自分の記事で戦時中犭《けものへん》を付けて「米英」と書いたのが恥ずかしいといっている。昭和二十一年出家、比叡山にこもる。われわれが知るのは、葉上氏の後半生、とても菊池寛の「心の日月」の「麗子」や「磯村」に結びつかないのだ。

菊池春之助で応募した「禁断の木の実」

菊池のアマ時代の作品の一つを読んでみた。十代のころ、中学生のころから懸賞がついた作文の募集に挑戦している。明治三十九年の二月には「讃岐学生会雑誌」の懸賞作文二等、翌年には「日本新聞」の課題作文「博覧会」に入選した。京大英文科の時期はどん欲になった。カネほしさとヒマつぶしも加わった。「二六新報」には「銃後を読みて」で一等。作ったものは大正二年四月に三回に分けて新聞に。十一月には「万朝報」の懸賞小説に応募、賞をもらった。作品のタイトルは「禁断の木の実」。京都市、菊池春之助で応募した。菊池は初期の文に「菊池比露思」「草田杜太郎」のペンネームも使った。「禁断の木の実」とは、旧約聖書を読んでいる人には、ピンとくる。冒頭を読んでみる。「暮るるに早い秋の日が街を囲む。山脈の一角に落ちてしまふと陰うつな宗教学校の建築に闇早くも迫って来るのである」。菊池二十五歳。聖書を学ぶ菊池とほぼ同世代であろう青年のあちら、こちらへと振れる心情を書いている。菊池はそのころ大学研究室で熱心にアイルランドやイギリス、ドイツなどの戯曲を読んでいた。それを下地にさっと書いて、賞をもらった。クリスチャンには、やや抵抗のある内容になったが。

菊池寛は昭和二十三年三月六日夜、狭心症で永眠した。家族やかかりつけの医者ら、ごく内輪で会食中だった。亡くなる数時間前まで原稿を書いていた。朝日新聞には三月八日朝刊四面に死去報。今日出海の「立派な往生」と見出しがついた談話がある。もう少し円熟の作品が読みたかった。

【参考文献】

▽「菊池寛全集、補完」（武蔵野書房）▽「菊池寛全集」（高松市菊池寛記念館）▽小林和子著「菊池寛」（勉誠出版）▽片山宏行著「菊池寛随想」（未知谷）▽佐伯彰一監修「作家の自伝」（10）（日本図書センター）▽満谷昭夫著「泣菫残照、薄田泣菫関連資料を中心に」（創元社）▽三宅昭三叙述「泣菫小伝」（6）（薄田泣菫顕彰会）▽「芥川賞、直木賞150回全記録」（文藝春秋社）▽山口謠司著「文豪たちのずるい謝罪文」（宝島社）▽片山宏行著「菊池寛の航跡、初期文学精神の展開」（和泉書院）▽山崎国紀著「知られざる文豪　直木三十五」（ミネルヴァ書房）▽「芥川賞小事典」（文藝春秋社）▽葉上照澄著「道心　回峰行の体験」（春秋社）▽春風亭小朝著「菊池寛が落語になる日」（文藝春秋社）▽「川端康成全集」（新潮社）▽「毎日新聞百年史」▽「大映十年史」▽「菊池寛現代通俗小説事典」（八木書店）▽「菊池寛全集」（中央公論社）▽瀬沼茂樹著「日本文壇史（24）明治人漱石の死」（講談社）▽「太宰治　新潮日本文学アルバム」（新潮社）▽森田草平著「夏目漱石」（講談社）▽「文芸もず　菊池寛と文学研究」（23）（創刊号）▽「現代日本文学大系」（44）（筑摩書房）▽平野清介編著「新聞集大成夏目漱石像一、二」（明治大正昭和新聞研究会）▽天野郁夫著「帝国大学」（中央公論）▽松村緑著「薄田泣菫考」（教育出版センター）▽柳沢健著「2016年の週刊文春」（光文社）▽公財山陽放送学術文化・スポーツ振興財団編著「輝ける讃岐人」2（同上財団）

抄本「高野山の決戦」
― 大山名人生誕百年記念 ―

今西宏康

「錯覚イケナイ、ヨク見ルヨロシ！」

棋士升田幸三のこの名言（？）とともに将棋界最高の「伝説《レジェンド》」となった「高野山の決戦」について少し語ってみたい。令和の昨今は藤井聡太六冠が「伝説」化しつつあるが、筆者のような中高年世代にとっては、将棋界の「伝説」と言えば何といっても「大山康晴と升田幸三」しかないのであるから。

（一）

昭和二十三年二月二十五日、第七期名人戦挑戦者決定戦開始前日のこと。棋士大山康晴七段は午前七時に起床し、南海電鉄難波駅で同僚棋士や新聞社の担当記者らと合流。九時半の急行電車に乗り込み一路〝決戦場〟の高野山に向かった。途中橋本で乗り換え、さらに高野山

大山対升田対局図（青木毅・画）

口からはケーブルカーに乗り継いで山上の終着駅高野山駅に到着したのは正午をかなり過ぎていた。

難波から三時間足らずの小旅行ながら、霊地高野山は純白の雪景色、わずかに人の往き来で踏み固められた「参道」が一本、奥の院まで続いていた。一行の一人がどこからかリアカーを調達し、大山はそれに大切な将棋板を載せて自ら引いた。一刻ごとに寒気が増す粉雪の中、大山たち一行は言葉少なに山奥の女人堂までの道を急いだ。

やがてたどり着いた女人堂から先は道が平坦で楽になった。山内には多くの塔頭《たっちゅう》寺院が点在するが、一行は今回決定戦の宿所とされた普門院を目指して詰めの歩を進めた。

普門院には大山たちが一番乗りであった。夕刻までに今で言う「将棋連盟」の関係者や各新聞社の記者・カメラマンなど総勢二十数名が到着し、普門院では時ならぬ賑わいの中決戦前夜の宴席が整えられていった。そんな中、夜七時を過ぎても〝対戦者〟升田幸三八段が宿所に到着しないことに関係者たちは不安を口にし始めた。すでに深い闇の山内に粉雪が降り続く中、宴の来賓である高野山真言宗本玄大僧正が顔を見せても升田はまだ現れなかった……。

いよいよ座が重苦しい空気に覆われ始めた午後九時近く、ようやく升田幸三八段の到着が告げられた。待ちかねていた関係者一同は本堂玄関口に詰めかけたが、寒々しい復員服姿の升田は無言でそこに立っていた。

「明日の対局は金剛峯寺やな？　朝十時までに行けばよかろう」

少し遅れて迎えに出た大山には、〝兄弟子〟升田の声がキンと尖って耳に刺さった……これは相当怒っていると大山は直感した。見ると関係者たちも必死に升田をなだめている……というのも、主催者朝日新聞社からの対局通知が升田本人にうまく届いていなかったのだ。当時は戦後日《ひ》も浅くまだ通信体制も不安定という事情を汲んでも、うっかりすれば棄権・不戦敗扱いにされかねなかった升田の憤慨は無理もない。この場面では主催者たちが数人がかりで詫びを入れ、当の升田もひとまず矛を収めたのであった。

この夜の升田の憤慨には伏線があった。名人戦挑戦者決定の方式がこの年突然改められたことである。それまでの方式ではA級八段位の者同士で総当り順位戦を行い、そこで優勝した者が名人への挑戦権を得るのだった。当時のA級八段位は升田の他に木村前名人、大野源一、花田長太郎ら七人がおり、総勢八人で行われた順位決定戦において升田は十二勝二敗の好戦績で優勝していた。

ところが新方式では、B級（七、六段位）順位戦の優勝者がA級三位の者とまず対戦、その勝者がA級二位者と対戦、その勝者が最後にA級優勝者と対戦して名人戦挑戦者が決まるとされたのだ。いきなり「敗者復活戦」が組み込まれた訳で、すでに今回の挑戦者の心積もりでいた升田にとっては正に〝寝耳に水〟であった。

この時B級で優勝したのが大山七段。升田にとっては木見門下の弟《おとうと》弟子だが、後生《こうせい》畏るべしとの格言よろしく、大山はA級三位の花田長太郎、同二位の大野源一の両八段を連破してついに兄弟子升田との最終決戦に駒を進めて来たという次第。この時大山25歳、升田は31歳。

名人戦を主催する朝日、毎日などの主要新聞社は、〝同門対決〟となる今回の挑戦者決定戦を興味本位に書き立てた。それは大山・升田どちらが勝っても結局「関西対関東」の名人戦となる（塚田名人は関東棋界人）だけに、関西びいきの多い記者たちの思い入れがかつてなく強かったからに他ならない……やがて〝将棋界の両雄〟と目《もく》され幾多の名勝負を繰り広げる大山と升田にとっても、この「高野山の決戦」は生涯忘れ得ぬ大一番となった。

普門院での歓迎宴は遅まきながらも形通り行われた。升田もこの酒席では一転して上機嫌だったが、由緒正しい宗門の聖地という場所柄もあり、日ごろ賑やかな新聞記者たちも終始控え目だった。当時は酒などまだ不自由な時代、酒豪の升田には思いがけぬ嬉しい機会であったろう。来賓の高僧が早めに退くと一層豪快に盃を重ねた。一方他の参加者たちも明日に備えて三々五々退席し、最後は升田を囲む大山ら数人の棋士と大山がもっとも信頼する毎日新聞の樋口記者だけとなった。

するると、升田はふと対戦相手の大山を一瞥《いちべつ》してから真顔になり、樋口に思うところをぶつけ始めたのである。

「……棋士は命懸けで闘うのに貴方《あんた》たちは面白げに小遣い稼ぎの記事を書いとる……『朝日の升田対毎日の大山』ていうのは何や！　我々は同門であって本当の敵は関東や。なんで新聞社の争いに巻き込まれにゃならんのや！」

宴席では大人の振る舞いをしていた升田も最後には言わずにはおれなかったのか、それとも単に悪酔いしたのか、とにかく升田の目は恐ろしく据わっていた。しかしからまれた格好の樋口も並みの記者ではなかった。〝売り言葉に買い言葉〟で応酬した。

「勝負の世界には敬意を払うが、僕だってこう見えてもペンに命を懸けて記事に仕上げている！『朝・毎』の対決、と書いてどこが悪い？　三段跳びの織田・南部だって『朝日対毎日』で闘いながら仲良く世界を目指しているじゃないか！」

升田は再び下座の大山を一瞥してから樋口相手にさらに凄んだ。

「俺は自分のために言うとるんやない！　この大山が負けた後、どの面下《ツラさ》げて毎日に帰れると思う？」

思えば、升田の対戦相手が大山に決まった時、受けて立つ升田がこうコメントしたと大山は聞かされていた。

――大山君はめきめき力をつけてきたが、まだまだ私の敵ではない。それは（我ら）両方の将棋（棋譜）を比べて見ればハッキリわかる。私が大山君に負ける材料はどこにも見当たらない――

これを聞かされた大山も、素直にその通りだと思った。木見門下で内弟子修行をしていた十代のころ、大山にとって六つ年上の升田は乗り越えがたい巨壁だった。二枚落ちで手合わせしてもらってもどうしても勝てず、「田舎へ帰ったらどうや」とまで言われたこともある。だが、それがかえって大山の励みになってここまで強くなれたと言えなくもない。とにかく今回は偉大な兄弟子の胸を借りる積りで高野山に上ってきたものだ。

しかし今の升田の台詞《せりふ》を聞いて、大山は改めて負けられないと思った。樋口も同じ思いなのか中腰になり升田を睨《にら》み返して曰く

「勝負の世界だろう？　そんなこと余計なお世話ってもんだ！　僕の原稿だって署名入りで出すんだ、君にとやかく言われる筋合いはない！」

ついに升田も立ち上がって樋口に詰め寄ろうとしたが、〝松の廊下〟よろしく隣にいた上田六段が身を挺して止めた。なおも双方仁王立ちで火花を散らしたが間に入った上田六段が両者を必死になだめ、最後は樋口に懇願して、「今回に限り『朝日』『毎日』云々の表現はなるべく控える」との言質を取り付けて事態を収拾した。

……この間《かん》大山にはもちろん口を挟む余地はなく只々成り行きを見守るだけであった。

深夜になってようやく宴会場は片付けられた。升田たちがどのように寝所に就いたかは定かでない。

（二）

翌二月二十六日午前十時、第七期名人戦挑戦者決定戦第一局は、予定通り金剛峯寺奥殿上段の間にて開始された。ちなみにこの決定戦は三番勝負、持ち時間は各七時間で〝一日指し切り〟とされていた。〝一日指し切

り〟とは〝封じ手〟による中断をせず勝負がつくまで徹宵で行う対戦方式である。これは体力を消耗するだけに、一局済むごとに休息の〝中日〟が設けられていた。

昨夜は復員服姿で現れた升田も、この朝は上田六段の羽織袴を借り着して対局席に登壇した。大柄の升田には上田の着物は寸足らずで、ちんちくりんの窮屈そうな升田の姿は何ともユーモラスで愛嬌があった。升田は南洋戦線からの復員以来持病持ちとなり、特に冬の寒気には弱い。にもかかわらず二月の高野山に無理やり呼びつけられたことがそもそも昨夜の怒りの発端だったが、その後の樋口との「応酬」に際し、結局は上田に顔を立ててもらったせいか升田の表情は穏やかだった。一方で寸足らずの着物にも全く動じない兄弟子升田の腹の据わりに、大山は改めて「巨壁」というものを感じずにはおれなかった。と同時に、一局ぐらいは勝ちたい！と強く思った。

升田の体質を考慮して用意されたのか、炭火の燃え盛る火鉢がいくつも用意された金剛峯寺において、決戦の火蓋が切って落とされた。第一局は大山の先番、２六歩の初手が指されるや二十台ほどのカメラのフラッシュが一斉に焚《た》かれた。今も昔も名人戦への関心の高さは他のタイトル戦の比ではない。まして今回の升田と大山は兄弟弟子、おまけに因縁の「朝日対毎日」の側面も意図的に喧伝され、今回の「高野山の決戦」は僧侶たちも驚きうろたえるほどの異様な盛り上がりを呈していた。

ところで、大山と升田の師匠である木見金治郎は倉敷市出身で、東西に分かれる将棋界のうち関西棋界を育て上げた功労者とされる。実際多くのプロ棋士を育てて出世させたが、やはり何と言っても「大山と升田」という将棋界最大の〝金看板〟を育成した功績ははかり知れない。木見自身も晩年名人戦挑戦者決定戦に出場したことがあるが、高齢のせいかあえなく玉砕している。つまり今回の決定戦では、二人のうちどちらが勝ってもそれは師匠木見の〝弔い合戦〟となるのだった。

戸外では執拗に粉雪が舞っていたが対局場はあぶら汗のにじむような熱気に満ちていた。序盤から居飛車の「相掛かり」という古式ゆかしい戦法での闘いとなったが、この日の先番大山は攻撃的な浮飛車作戦をとり果敢に攻め立てた。升田も角交換から首尾よく馬を作って応戦し、猛烈な攻め合いが続いた。が、やはり前日の無理が祟《たた》ったのか、顔に疲労感の浮く升田は卵の黄身を何個も所望して飲み下したりしていた。

結局厳しい寄せ合いの終盤に升田の緩着が出て大山が受け切る。升田の矢が尽きたところで観戦していた毎日の樋口が同僚の足立にメモを渡した。そこには〈大山、一手勝ち〉とあった。足立にはまだ互角のようにも見えたが、高段者の目で見ればここから詰め将棋に入る大山の勝勢は歴然としていた。

「仕方がないな」

足立が離席してまもなく升田は潔く投了したのである。ちょうど百三十七手、時刻は二十七日の午前三時二十五分。観戦記者たちは慌ただしく動き始め、再びカメラのフラッシュが一斉に焚かれた。明暗を分けた二人の勝負師は似たような表情で盤面を見つめていた。

（毎日が勝った！）

樋口は思わず口走りそうになったが、そこは武士の情け、疲れた様子で髭面《ひげづら》を撫で回している升田に免じて口をつぐんだ。

第一局の感想戦（指し手検証）は夜明けまで続いたので、翌日大山が宿所で起きたのは午後2時頃であった。普門院の大広間へ出てみると主催者の面々や記者たち、棋士連中などが三々五々火鉢を囲んでいる。まもなく升田が登場したがその表情の明るさは一同が唖然とするほどだった。升田はすばやく大山を見つけると、上機嫌で褒め言葉を贈った。
「恩返ししてくれたな、天晴れである！」
思わぬ褒め言葉に兄弟子升田の慈愛を感じ取り、大山はうれし涙を必死に堪《こら》えた。

（三）

中日二日を置いて、決定戦第二局は、普門院の「新造」という奥の間を対局場として二月二十九日午前十時に開始された。先番升田の初手は２六歩であった。

初戦を思いがけず勝利で飾った大山は却《かえ》って固くなっていた。これに勝てば名人戦挑戦者になれると思うだけで平常心を失い震えを覚えるのである。いつの間にか先番升田のペースに乗せられ、受け身一筋の「相腰掛銀」という戦形にはまってしまった。升田は先番の時しばしば「角換わり腰掛銀」を採用する。後手も腰掛け銀にする場合が多いが、それは升田の術中にはまりかねない。やはりこの日は大山に一瞬の隙があったのだろう。

大山担当記者である樋口は別室の盤で局面を見ながら同僚足立に愚痴をこぼす。

「一勝一敗で並んだら二局目に勝った方に流れが行く。二局目は絶対自分の得意戦形に持ち込まねばならんのに、なんでよりによって相腰掛銀にす

別格本山普門院

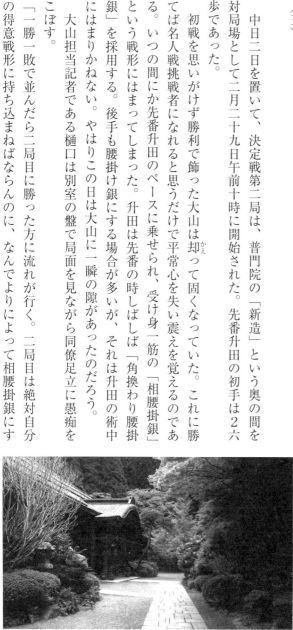

るんだ！」

これじゃあ升田に翻弄される、攻めに回るのは容易ではないと樋口は付け加えて対局場に戻って行った。

「相腰掛銀」はうかつに動けず千日手になりやすいが、４六角打ちの妙手を繰り出した升田は警句を吐いた。

「升田の将棋にゃ、千日手はござんせん！」

その後も升田に翻弄され続けた大山は、〈受けの大山〉の看板通りねばりにねばったが敗色は濃くなる。ふと見ると樋口が対局場から姿を消していた……これは見限られたなと大山は観念した。

三月一日の午前一時二分、百四十一手で大山が投了。またぞろカメラのフラッシュが群れを成して焚かれる中、升田は淡々と指し手の解説を始めた。相変わらず疲労回復のため食事の都度ブドウ糖を注射してもらっているのが嘘のような落ち着き振りであった。

大山は完敗を認めつつも、樋口のいない衆人の中で耐え難い孤独感を覚え、ただ早くこの場を逃れたいという思いで一杯だった。

（四）

いよいよ最終戦となる第三局まで中二日の休息日が設けられていた。落ち込んだ大山を激励するかのように、その三月二日、毎日の藤田学芸部長が大阪から訪ねて来た。高野山真言宗総本山の当代座主、栄覚大僧正に挨拶しに行こうというのだった。聞けば升田も一緒だという。決戦の相手とは言ってもそこは兄弟弟子、将棋を離れて同行できるなら願ってもない機会、しかも高野山最高位の老師にお会いできる……大山はありがたくお供を願い出た。

「朝日」お抱えと見なされる升田も、当代座主を訪ねるということで喜んで「毎日」の一行との同行に応じたという。藤田部長は今回決定戦のスポンサー企業からの依頼を受けて栄覚大僧正に面会するらしかったが、それは大山と升田には関わりのないことだ。

老師栄覚大僧正は高野山第３９３代座主、この時七十二歳。側聞するに、温厚で世事にも通じた粋人であったそうである。自らの書斎を訪れた二人の棋士にこの日何を語ったのか興味を引くところだが、藤田部長経由で依頼された大阪財界人宛ての揮毫として「心鏡冥会《しんきょうみょうえ》」としたためている。弘法大師空海の造語であるが、老師はこのとき大山と升田に謎懸けじみた解説をしたという。その要旨は想像の域を出ないが、勝負師である以前に『求道者であれ』という極意が両者に伝えられたのではなかったか？

「……生きてこそ浮かぶ瀬もあれ敗残兵……」

老師の書斎を退いてから何を思ったか升田はそうつぶやいた。大山はそのつぶやきの意味を推し量りながら無言で付いて歩いた。

升田は大戦中南洋ポナペ島の部隊に居て死中を彷徨《さまよ》った男だ。このときの飢餓生活で升田は体を壊し、その後遺症は復員後もずっと続いている。同じく従軍生活を体験したとはいえ大山は外地出征は免れていただけに言葉が出て来なかった。

これは後年棋界の両雄となった大山と升田以外知る人も少ない逸話だが、両者の「高野山の決戦」が「伝説」となった真の背景はこういうところあると筆者には思われる。

その三月二日の夕刻、藤田学芸部長と随行の社員二名は、明日の最終戦への期待を熱く語りつつ大阪に向けて下山していった。

（五）

名勝負「高野山の決戦」中最も名高い第三局は、三月三日午前十時、第二局と同じ普門院「新造」の間で開始された。

この日は雪も止み、三月の陽光が障子越しに対局場に差して明るい。升田は朝食に加えていつも通りブドウ糖の注射を受け、「ブドウちゃんのお陰でここまで来れました」などと冗談をかまして周りを笑わせていた。

その升田が先番に決まると、またもや初手2六歩を突いた。恒例のカメラのフラッシュが落ち着いてから後手の大山は8四歩と応じた。やはり居飛車模様で、後年振り飛車で鳴らした大山を知るファンには興味深い棋譜ではなかろうか。

序盤は〝ブドウ糖のお陰〟か升田は極めて意気軒昂、座右の銘の「新手一生」よろしく中央5筋を攻め、後手大山の布陣を撹乱した。大山も冷静に挽回策を講じ局面を互角に戻した。と、見るや升田は気迫も顕《あら》わに、派手に音を立てて駒を打ち込むようになった。それはこの最終戦に賭ける升田の執念がにじみ出た姿であり、普段冷静な大山も思わずたじろぐほどの気迫だった。

この第三局の対局場はかつてない緊張感を醸し出し、観戦者一同金縛りにあったように身動きひとつせず戦況を見つめていた。

大山は対局中前日の栄覚老師訪問時の顛末を思い出していた……升田はあの後続けてこうつぶやいたのだ。

「……戦死した連中のためにも生き抜かにゃあな……」

昭和十九年春召集され岡山で従軍生活に入った大山は、「一芸に秀でた者は残しておく」という部隊長の方針によって沖縄行きを免れた。一緒に入隊した百五十人の内、沖縄に行った約八十人はほとんど帰って来なかった。他に四十人ほどが大陸に送られたが、これも消息不明者が多かった。本土決戦に備えて岡山に残された残りの約三十人は結局〝助かった〟訳だが、人間の運命など〝天の采配〟次第であることを思い知らされた大山であった。

「生き抜く」ということは棋士の場合すなわち「勝ち抜く」ことだ。升田のつぶやきは「明日は勝たせてもらうぞ」という意思表示に他ならない。それに気付かぬ大山ではなかった。

戦況は中盤の難解な局面、一時大山は優位に立った。しかしこの要所で彼は2五歩の緩手を打ってしまい、これを咎めた升田によって再び盤上は混沌となった。持病持ちの升田は一手一手渾身の力を込めて駒を打っていたが、攻めと受けの駆引きは絶妙であった。なるほど南洋戦線でしたたかに生き抜いただけのことはあると、大山は改めて前日のつぶやきを思い出しながら眼前の升田を畏怖した。

そんな時樋口記者がそっと席を立った。手洗いではない、と大山は直感した。第二局の最後を思い出し、大山はまた恐ろしく孤独な自分を認識した。持ち時間も枯渇している。ことここに至っては正確な読みも難しい。4八飛車と強気に出たが、後が続かない。持ち時間は大山残り一分、升田は優に一時間以上ある……大山は負けを覚悟した。

覚悟ができれば恐ろしさも孤独感も消える。ふと目を上げてみると意外に升田も消耗しているのが分かった。やはり体力的にきついのだろう、大山はまだ諦めてはいけないと自分に言い聞かせて8七龍の王手をかけた。升田は次の一手で間駒《あいごま》をすればよかった。持ち駒は飛角金銀桂など豊富にある。大山にはもう角と金しかない。升田の勝勢は明らかだった。にもかかわらず、何を血迷ったか升田は4六玉と手拍子で逃げた。

（天の采配だ！）

大山はすかさず6四角と打って王手、逃げるところが無い！升田は心中あっと声を上げたに違いない。とっさに5五桂と間駒したが大山は止《とど》めとばかりに4七金の王手、あとはきれいな詰め将棋である。

三月四日午前二時三十分、升田の歴史的失着であっけなくこの第三局は終結した（投了図参照）。手数は百四十二手。ここで冒頭の「名言」が生まれた次第……。観戦していた朝日の坂本次長は正に顔面蒼白、他方毎日の樋口は満面の笑みを浮かべていたが、優勝した当の大山はいまだ狐につままれたような顔をしていた。一方急転直下敗れ去った升田の顔は疲れ切ってどす黒く、正に「敗残兵」そのもの。正直見るに忍びなかったが、カメラマンたちは職務上容赦なくフラッシュを焚いていた。

「おめでとう」

大山を最初に祝福したのは樋口だった。その満面の笑みを見て初めて大山も笑顔になった。

ふと見ると向かいの升田もニヤリと笑ってくれた。

【第三局投了図　△4七金まで】

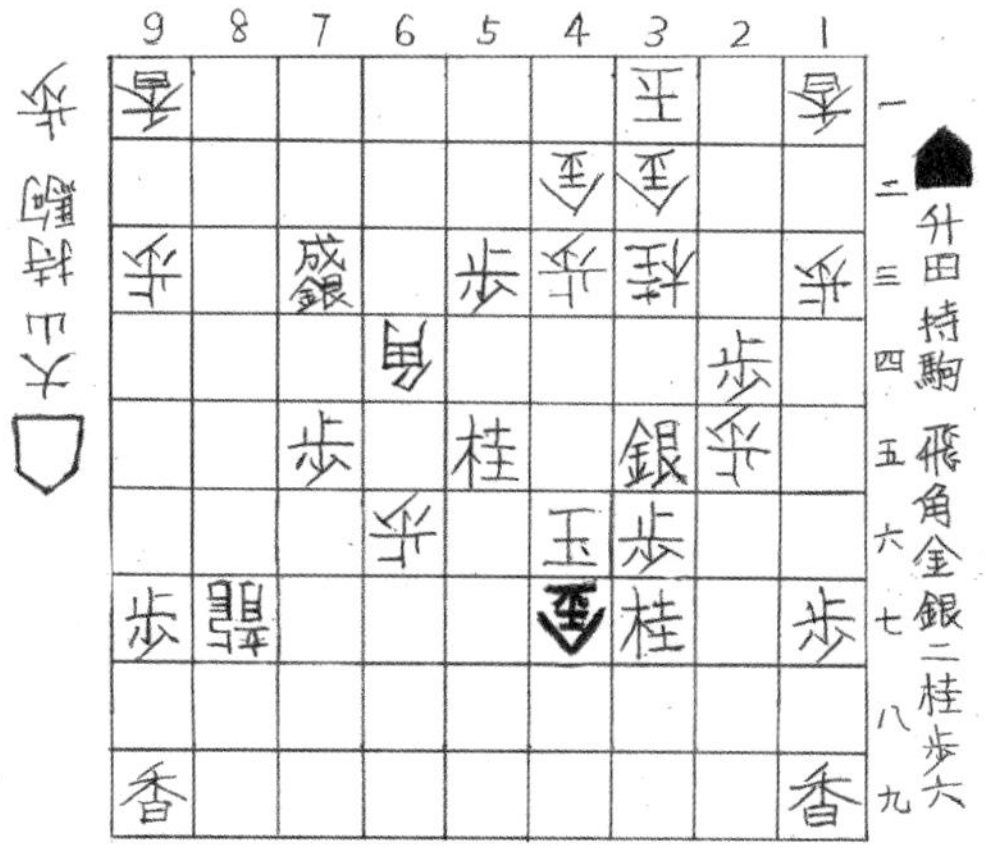

第三局投了図

＊

こうしてこの年の名人戦挑戦者は大山康晴七段に決まったが、この後四月から行われた塚田名人との七番勝負に大山は敗れた。関西では「本命の升田だったら……」との声が漏れ聞こえ、あの「高野山の決戦」で会場選定に当たった「毎日」の作為があったのでは？　と改めて流言が飛んだりした。対局通知配達の不首尾のこともあり、〝升田びいき〟の言い分は分からなくもない。

しかし会場選定についても対局通知配達の件についても「作為」があったはずもなく、そもそも実家の広島県三次市以外に通知を配達できようか（升田が〝住所不定〟で実家に戻らなかっただけのこと）。この点については「高野山の決戦」当時毎日新聞の事業部長だった森口肇氏が正確な証言を残している。その後「作為」云々は言われなくなっていった。

ともかくこの「高野山の決戦」以来「大山と升田」（「升田と大山」）は関西はおろか日本の将棋界を象徴する「宿命のライバル」に祭り上げられていく。特に大山は郷里倉敷市に記念館が建つまでに神格化された。その〝黄金カード〟は昭和五十四年の升田引退まで公式戦としては合計１６７戦。通算成績は大山の96勝、升田の70勝（1持将棋）。大山の方にやや分があり、タイトル戦など大一番では升田は苦戦することが多かった。それはあの「高野山の決戦」第三局が升田のトラウマになっていたから、というのが将棋関係者の間では定説となっている。

（了）

参考文献
「勝負五十年」大山康晴　山陽新聞社
「岡山名勝負物語」久保三千雄　岡山文庫

「勝負五十年」大山康晴

「蕃山の文机」の話

今西宏康

老いの身の　見んこと難《かた》き故郷《ふるさと》に
春まちえてや　帰る雁《かり》がね
（熊沢蕃山望郷の歌　古河にて）

古河市鮭延寺のスタンプ

一、牧野の話

わたくしは備前岡山は池田家お国許《くにもと》の老女中、牧野《まきの》でございます。はい、「芳烈公」池田光政さまには終生お仕えいたしました。

少し詳しく申しますれば、寛永九（１６３２）年光政さまが鳥取から岡山にお戻りになったおり、私も父の計《はか》らいで岡山城奥向きに奉公に入り……それからちょうど五十年、天和二（１６８２）年五月大殿光政公齢《よわい》七十四にてご他界あそばされるまで、途中途切れながらも終生お仕えできたのでございます。

は、わたくしの「齢《よわい》」でございますか？　それは何とぞご寛恕《かんじょ》をと申し上げたいところですが、そうもいきますまいね……。この牧野、大殿より五年遅れまして慶長十九（1614）年の生まれでございます。父は三河以来の池田家譜代家臣でございまして、関ヶ原合戦のときは輝政公旗本にあって岐阜城攻めなどにも加わった由《よし》。輝政公亡きあとは岡山に入られた利隆さまに仕えましたが、このとき利隆さまご嫡男として新太郎光政さまがお生まれになった。ただ残念ながら利隆さまも早くに亡くなられ、幼少を理由に新太郎光政さまは鳥取に転封。わが父などもこれに付き従ったことでございます……。そして寛永九年の「光政公岡山御帰還」にあたり、かねてよりこの日を待ち望んでいた父は、岡山に戻れば奥《おく》に新たな人手が要《い》ろうとて独り身であったわたくしをお城に入れた次第《しだい》で……。

まぁわたくしの素性《すじょう》についてはこのくらいにさせて下さいまし。え、では牧野は「行《い》かず後家《ごけ》」かと？……はぁ、見てのとおり不器量なこの牧野ではございますが、これでも一度は他家に嫁《とつ》がせて頂きました。光政さま直々のご周旋《しゅうせん》で、実《まこと》に身に余る良縁と父も恐縮しきっておりました。しかし運命《さだめ》と申しましょうか、子もできぬまま数年でこの夫に先立たれまして、、光政さまのお慈悲《じひ》でふたたび城中奥《おしろのおく》に戻らせて頂いたのでございます。何とぞお察しのほどを……。

さて、寛文十二（1672）年光政さまが藩政《まつりごと》をご嫡男綱政さまに譲られ西の丸に隠居されてからのご様子をお聞きになりたいとのこと、承《うけたまわ》っております。還暦間近《かんれきまぢか》だったわたくしも「御年寄《おとしより》」として西の丸に入りました。

西の丸においては……やはり「石山殿《いしやまとの》」六姫《ろくひめ》さまをお看《み》おくりしたことがいちばん思い起こされます……六姫さま享年《きょうねん》三十八であられました。

六姫さまはいうまでもなく光政公の六番目の御子《おこ》で、妾腹《しょうふく》であったがゆえに実の母の顔を見ることもなく、図《はか》らずもこの牧野が幼少より身近でお支え申し上げたのでございます。父親である大殿光政公も六姫さまには格別の憐《あわ》れみを覚えておられました。思えば六姫さまが二人もの夫を死に至らしめ「鬼姫《おにひめ》」と呼ばれるようになったのも、「赤鬼《あかおに》」と呼ばれた自分《おのれ》の因縁ではあるまいか？　と。

光政公ご隠居から二年ののち、再び後家となって西の丸座敷牢《ざしきろう》に引き取られた六姫さま、、その不憫《ふびん》な吾子《わがこ》のためとて、大殿光政公は西の丸に「石山御殿《ごてん》」をお造りになった。これは倹約家で通された大殿にしては珍しいことで、そこに六姫さまを住まわせ、彼女を「石山殿」と呼ばせたのでございます。牧野もこのとき六姫さまに付いてこの御殿に入りましたが、まもなく願い叶《かな》って彼女の一粒種、当時四歳のお吉《きち》さまが嫁ぎ先滝川家から石山御殿に引き取られます。こうしてはじめて母子《おやこ》水入らずの穏やかな日々が送れるようになったのですが、大殿もほぼ毎日御殿に足を運ばれ、数奇《すうき》な境涯にある母子との語らいを大事にしておられました。

西の丸「石山御殿」跡界隈

ところで西の丸には、本丸から色々なお道具が持ち込まれておりましたが、ひとつご紹介したいのは「蕃山《ばんざん》の文机《ふづくえ》」でございます。これはおおかた縦二尺横一間もある、赤味がかった漆《うるし》塗りの文机、四本の脚先が猫爪の形で丸まっているのが特徴。いつからお城にあったものか詳《つまび》らかではございませんが、かつての重臣熊沢伯継《しげつぐ》さまが本丸詰所《つめしょ》で使われていた机でございます。

熊沢さまといえば一時《いっとき》は国主《こくしゅ》光政公から御家老以上の信任を受け、お二人主従の固いきずなは岡山城下のみならず他国や江戸表《おもて》においても夙《つと》に有名でございました。

そもそも、熊沢さまは京都所司代板倉公のご周旋《しゅうせん》で小姓として岡山に来られました。そのころは「左七郎《さしちろう》」と名乗られ、血気盛んな若殿であられた光政さまに寵愛された。……いや、「夜伽《よとぎ》」とかの関係ではございません！　光政さまは男色はお嫌いでしたので……左七郎もなかなか公家風の優男《やさおとこ》ではございましたが。あ、ちなみに牧野は光政さまと熊沢さまのちょうどまん中の歳でございます。歳が近いからこそよく見えたのでは……と考えおります。

実のところ、熊沢さまもかなり変わったお侍《さむらい》で、例えばよく名前を改《か》えられる。最初「左七郎」だったのが元服後「二郎八《じろはち》」になり番頭《ばんがしら》になると「助右衛門《すけえもん》」になり、最後は「蕃山了介《しげやまりょうかい》」と姓名丸《まる》ごと改えて早々《はやばや》と隠居《いんきょ》してしまわれた。「息游軒《そくゆうけん》」という雅号までつくられたのですが、生涯「新太郎」で通された大殿の眼にはどう映《うつ》ったでしょうか？

それでも大殿は熊沢さまのことは大事にあつかわれました。譜代の家臣にはない貴人の風情《ふぜい》を感じ取られたからでございましょう。正妻として家中《かちゅう》の子女の中でも利発なおいちどのを娶《めと》らせ、やがて鉄砲組番頭に抜擢《ばってき》して藩政の多くを仕切らせた。殊《こと》に「治山治水」と「兵農一本化」を任され、熊沢さまも忙中《ぼうちゅう》あの文机の上で諸策を練られたことと思われます。しかし熊沢さまは譜代ご家老衆の〝虎の尾〟を踏むことを怖《おそ》れなかった……いつも澄《す》まし顔でご家老衆の痛いところを突かれる。「惻隠《そくいん》の情」と申しますか、もう少し愛想よく振る舞えば身近に余計な敵を作らずに済《す》むものを、と傍《はた》から見て冷や冷やしておりました……。やがてご不満の積もった（池田）出羽さまや（池田）伊賀さまなどから「熊沢殿排斥」の訴えが出され、しばらくはかばい続けた光政さまも、明暦三（１６５７）年にいたってついに断腸《だんちょう》の念で熊沢さまをお切りになった。いや、熊沢さまの方から隠居願いがあったとのことですが……とまれ、方々《ほうぼう》に怨敵《おんてき》を作られたことは熊沢さまにとり悔やまれることでございます。しかしそれが天運《さだめ》というものなのかもしれません。

光政さまはご三男の主税政倫《もんどまさとも》さま……この方は六姫さまの実弟に当たられます……を隠居する熊沢さまに養

子として与えられ、きずなを保たれたのです。が、やがて代替わりが近付くと、お世継《よつ》ぎ綱政さまの命で政倫さまは支藩の備中生坂《いくさか》を治めよとて熊沢家から引き戻されます……。失意の熊沢さまはついに池田家に見切りを付けられ、京都の方へ去って行かれました。そしてあの「文机」は岡山城内に残されたまま誰使うともなく正に「お蔵入り」となりました。一方《いっぽう》でおいとまされた熊沢さまにしてみれば、「あの机は惜しいことをした」等々《など》未練がおありだったそうで……これはのちにご内儀いちどのからもれ聞いたことでございます。

さて先ほどのお話に戻ります。延宝三（1675）年西の丸に例の石山御殿ができ上がり、大殿光政さまが六姫母子のためにお道具を整えさせた中に、熊沢さま置《お》き土産《みやげ》の「文机」も加えられました。この机、本丸書庫の隅に放置されていたのを、大殿が「蕃山の文机」と名付けて西の丸に引き取られていたもの。

この机のことでは思い出がございます……あれは大殿ご隠居の年の暮れ……城内勝手知ったるわたくし牧野

岡山城天守閣（森安なおや「烏城物語」より）

は女中たちを指揮《しき》しつつ正月の用意にあわただしくしておりました。ちょうど西の丸の蔵の二階に道具を取りに上がったときのこと、東向きの小窓のある物置部屋に大殿が座っておられました。その小窓からはお城の黒い天守がよく見えますのでそれを眺めに来られたものかと思いきや、大殿は手元の「蕃山の文机」をじっと見つめて何かつぶやいておられる、、わたくしはすぐに状況《じょうきょう》を察しました。あぁ大殿は熊沢さまに話しかけておられる、日ごろの憂《う》さを晴らすために。

しかし何を話しかけておられたのか？　……おそらく、お世継ぎ綱政さまとのお考えの隔たりについて嘆いておられたに相違《そうい》ございません。綱政さまは大殿とは真逆《まぎゃく》のお人柄《ひとがら》で、ご公儀に大変忠実な姿勢《しせい》を示されるいっぽう学問はあまりなさらない、それでもご家来衆の受けは決して悪くなかったのです。逆にご公儀にしばしば敵対された大殿のお立場はなくなりつつあった。……あのときの光政公は、かつての「同志」熊沢二郎八を思い出し、寂しい胸のうちを開《あ》かしておられたものと思われます。

やがて六姫さま母子が石山御殿に入られてのち、「蕃山の文机」も御殿の一角に移されました。そのころ当の熊沢さまは松平さまの明石城下に居《お》られましたが、和気郡にできました「閑谷《しずたに》学舎」のことなどで大殿に意見書を書き送られていたようでございます。

熊沢さまのことは六姫さまも覚えておいでででしたが、やはり遠慮されたのか、この机を使われることはついぞありませんでした。むしろ大殿は孫に当たるお吉さまにこの机を使うよう仕向けておられ、「吉や、この机で勉学すればきっと賢くなろうぞ」などと声をかけておられた。幼いお吉さまはその机の脚さきが丸まっているのを面白げに撫《な》でたりするだけでしたが……。

現世《うつしよ》というものは実《まこと》にはかないもので、数年ののちに六姫さまはお亡くなりになられました。大殿の悲嘆は申し上げるまでもございません。残されたお吉さまにはわたくし牧野が最後のご奉公としてお仕えしておりますが、、この母子二代との深い因縁を思わずにはおれません。

牧野もすでに古希《こき》を越え、お吉さまご成人まで生き永らえられそうもございませんが、大殿さま六姫さまゆかりの品々は末代まで大切に残しておくようお吉さまには言い含めてございます……そうそう、あの「文机」なども。

二、いちの話

はい、熊沢息游軒の妻、いちでございます。わたくしめもこのように人さまの前に出ることは滅多にございません、なにぶんあるじの熊沢がそういうことを厭《いと》われる御仁《おひと》で……。つまりは、隠居した以上表舞台には立たない、という隠者の生き方に徹され……先だってのご公儀老中堀田さまからのありがたい出仕のお声掛けもやはり断ってしまわれた、何を今さら……と。

いや、あれはやはり、大殿光政公の喪に服さねば、というお気持が強かったようにいちには思われます。

備前岡山で光政公にお仕えしたころのことは今でも懐かしく思い出されます。なにしろこのいちは、足軽組頭《くみがしら》矢部の家から光政公の仰《おお》せに従い、十五も年上のよそもの「熊沢二郎八伯継《しげつぐ》」に嫁したものでして……。いや、ご家中では熊沢二郎八を知らぬ者はないほど光政公のお気に入りであることは存じておりました。が、〝筋を曲げぬ一徹もの〟といううわさも聞かされてお

「夢二えはがき帖」（日貿出版社）より

りました。ともあれ、下女のわたくしめをお拾い下さることに感謝こそすれあらがう理由などございましょうか……。

ところで、わたくしめを熊沢さまにどうか？　と光政公に薦《すす》められたのは奥を取り仕切る牧野さまだったそうですが、その後も折りにふれて牧野さまはいちを気遣って下されました。

なるほど〝わがあるじ〟となった熊沢は一風変わった御仁でしたが、やはり主君光政公の覚えはめでたかったのでございます。しかし好事《こうじ》魔多しと申しますとおり、だんだんあるじ熊沢に対するやっかみ……と申してよろしいでしょう……を含《ふく》んだ内外《うちそと》からの訴えが光政公に、ことにご公儀の学問を取り仕切る林《はやし》さまのご不《ふ》興《きょう》を買ってしまったことは大きな痛手《いたで》でございました。ご家中からの訴えだけなら光政公もなんとか収められたものと思われますが。

〝徳は孤ならず〟と鷹揚《おうよう》に構えていた熊沢もいよいよ進退に窮《きゅう》するようになり、明暦二（1656）年の暮れ、狩《かり》でお怪我《けが》されたのを潮《しお》にお城のおつとめから身を引かれることとなりました。光政公からは慰めのお気持ちからか、ご三男主税政倫《もんどまさとも》さまを跡継《あとつぎ》ご養子に下されたのです。

子につきましては、当時幼い子が三人できておりましたが、その後《のち》、早世《そうせい》した子も含め熊沢との間には九人の子を授かりました。熊沢には他所《よそ》にも二人のお子があります……子宝には恵まれた御仁でございます。

われらの隠居の地はもと寺口村と申しまして、備前領内では巽《たつみ》（東南）の国境《くにざかい》、ひと山《やま》越えれば播州赤穂領。山深く閑静《かんせい》なこの地を熊沢はもともと好んでおりました。地名を「蕃山《しげやま》」に変えましたのは、主君光政公が懇《こん》意《い》にされていた陸奥仙台藩瑞巌寺《むつせんだいはんずいがんじ》は雲居《うんご》禅師の薦《すす》めに従ったもので、新古今集の古歌に因《ちな》んだというのはあとから付け足した話でございます。あるじから承《うけたまわ》りますに、雲居禅師のおられる仙台は松島瑞巌寺の山号が

「蕃山《ばんざん》」なのだとか……。

あるじはこの隠居地「蕃山《しげやま》」の佐古田山にご両親の墓所を設け、心中この地を終《つい》の棲家《すみか》と定めておられました。しかし政倫さまがご家中の備中生坂に引き戻されまして池田家との大切なご縁も切れ……ついに〝ふるさと〟備前に別れを告げねばならなくなった……やはり公儀からいろいろな中傷《ちゅうしょう》があったようでございます。

はからずも豊後岡城主中川さまから治水事業指南のご用を頂いて約半年西国豊後に留《とど》まったのち、備前には戻らず、寛文元（１６６１）年出生地でもある京都の上御霊《かみごりょう》というところに寓居《ぐうきょ》を得ました。そこは御所にほど近く、光政公ご姻戚である右大臣一条さまのご周旋《しゅうせん》にあやかったところと承っております。

以後、あるじは京のみやびな方々と交わり「王朝文化」に浸《ひた》っていきました。笛や琵琶を学ばれ、「源氏物語」も学ばれた。このときの「源氏物語」は深草の元政《げんせい》上人から拝借したもので、藤原定家の校訂本だったとか……「新古今集」に目を通されるようになったのもこのころでございます。「つくば山《やま》は山しげ山しげけれど……」などという古歌を見つけて悦《えつ》に入っておられました。

京都では一条さまとのご縁もあって、中院《なかのいん》さま、元政さま、北小路《きたこうじ》さまほか多くのお仲間ご学友に恵まれたのですが、これがまたご公儀の不興を買うこととなります。あるじ熊沢のもとに日々お仲間が集《つど》われるようすがあの由井正雪の乱前夜を思い起こさせたそうで……。公儀は諸国の浪人を取り締まる手始めに熊沢を京から追い出しました。やむなくわれらは吉野山、鹿背《かせ》山などを転々とし、やがて寛文九（１６６９）年明石城主松平信之さまのご城下に〝預かりの身〟となるのです。熊沢はこのころから「息游軒」と名乗り、いよいよ世捨て人風《ふう》になっていきました……。

ただ松平さまご自身はあるじ熊沢を師のごとく丁重《ていちょう》に扱って下さり、この年備前岡山に開校した「岡山藩学校」の開校式にも夫婦で行かせて下さいました。熊沢にとっても懐かしい岡山でございますが、お城に行くのはさすがに憚《はばか》られたことです。かつての隠居地蕃山《しげやま》に残るご両親をたずねたあと、あるじはご城下中山下《なかさんげ》に完成した藩学校開校式に招かれて主宰を務めました。

その開校式でのこと、講堂に実弟の泉さまや気鋭の津田さまほか大勢の若手が居並ぶ背後に、かつての主君光政公がほんの少しお顔を出されたそうで、、教卓から「孝経」を誦読《しょうどく》中に光政公のお姿を拝したあるじ熊沢は思わず絶句されたとか。光政公もあるじと目が合われてまもなく席を立たれたそうでございますが、、いま思えば感慨深い再会だったのでございます。

開校式のあとあるじはお城奥《おく》を差配《さはい》する牧野さまからもごあいさつを受けた由。これも懐かしい再会であったのですが、このとき熊沢はかつてお城で使っていた文机のことを訊《き》かれたそうで……。牧野さま答えて申されますには、その机は生坂の政倫さまではなく国主光政公が岡山城内に留めて大事にしておられる云々《うんぬん》、あるじもそれを聞いてひとまず得心されたとのこと。でも未練があったことは間違いございません。

その翌年（寛文十年）、今度は和気郡の閑谷《しずたに》というところに大きな学校がつくられ始めまして、あるじ熊沢はその開校

閑谷学校（青木毅・画）

式でも「孝経」誦読の主宰を依頼されまして……とにかく明石におりましたころは何かと備前に御用がございました。

しかしこの明石の暮らしも終わる日が来ました。松平さまが大和郡山に転封となり、われらもこれに付き従って今度は大和へ……延宝七（１６７９）年のことでございます。いにしえの霊地大神《おおみわ》神社にも近く、由緒あるこの地であるじ熊沢はもっぱら書物《しょもつ》の執筆《しっぴつ》に勤《いそ》しむようになったのです。

大和郡山の暮らしにようやく慣れたころ、天和二（１６８２）年五月でございましたが……備前から光政公ご逝去《せいきょ》の訃報が届きました。

あるじには実弟泉さまから、少し遅れてわたくしめには牧野さまから、それぞれ喪に服すむねの畏《かしこ》まった書状……岡山ではご家中総出で儒式のご葬儀が執り行われ、公は「芳烈」と諡《おくりな》された由、このゆち綱政さまご帰国まで約一年間の服喪に入られた由。大殿ご容態良からぬことはもれ聞いておりましたが、やはり「巨星墜《お》つ」とはこのことかと感じ入ったことでございます。あるじはすぐに髪のもとどりを切って身を清め、終日神前に端座《たんざ》しておりました。わたくしめも後ろに控えて夜まで過ごしました。思えばあの時、藩学校開校式典中に一瞬あいまみえたのが最後となったわけですが、光政公と熊沢との間《あいだ》には、余人のうかがい知れぬ深いきずながあったものといいちには思われるのです。

数日後の夕刻、縁側に腰を掛け、庭の借景である三輪山を眺めていたあるじ熊沢は、背中越しにふと独り言を申されました。

「あの机を取り戻したいが……もう無理であろうな」

縫い物をしていたわたくしは手を止めて、この際と思い申し上げました。

「だんなさま……こちらで同じものをお作りになられてはいかがでしょうか?」
熊沢は、「……そうだな」とひとこと。そして気分を入れ替えたように笛を口にしていつもの曲を奏《かな》で始めました。

三、その後の話

池田光政の死から9年後の元禄四(1691)年、熊沢息游軒伯継(通称熊沢蕃山)は東国下総の古河で没しました。遺骸は領主松平氏によって丁重に葬られ、現在墓は先に亡くなった妻いちのそれと並んで茨城県古河市の曹洞宗鮭延寺《けいえんじ》にあります。

晩年の蕃山肖像画(所在不詳)

熊沢蕃山が最晩年を過ごした古河市には、中国風の儒服を着た蕃山の肖像画が残っています。最晩年の蕃山は中国思想の奥義である『易経』の解説本執筆に専念していたのですが、件《くだん》の肖像画は当時の蕃山の心境を象徴しているように筆者は思います。浮世離れした姿で彼が肘を掛けている文机、これこそ蕃山お気に入りのそれに相違なく、数奇な生涯を送った孤高の人蕃山の〝至福のひととき〟を捉えたような肖像画と言えましょう。
この画にある文机のオリジナル(岡山で蕃山が使用したものと伝わる)は、現在岡山市北区の神道山黒住教本部に保存されています。明治維新後取り壊された岡山城西の丸石山御殿から秘かに運び出されたものと思われますが、その経緯は今後の調査研究に期待したいところです。

(了)

蕃山の机

池田光政公再考（後編）

今西宏康

前編に引き続き〝岡山藩祖〟池田光政公について論じていきます。なお、光政公の三百五十回忌（２０３２年）まであと９年となりました。引き続き関係各方面における光政公の顕彰機運醸成を期待するものです。

私は今号本誌に『「蕃山の文机」の話』という小説を掲げて〝池田光政とその時代〟の一断片を紹介させて頂いたのですが、読者諸兄にいくらかでも郷土岡山の大先達「池田光政」の存在感を体感して頂けたなら幸甚です。私にさらに「一流作家」の文才があれば、現在（令和５年度上期）山陽新聞に連載中の〝山田方谷伝〟（？）に負けず面白い〝池田光政伝〟が書けるものをと己の非力をかこちつつ、せめて拙稿が「池田光政大河ドラマ化」への捨石にでもなれば……と尊大な夢を見つつペンを執っている次第です。

三、光政と和気郡

さて、前編末尾で提起させて頂いた論題は「光政と東備」でありました。一般に「東備」というのはいわゆる「備前八郡」のうち「和気郡」「磐梨郡」「赤坂郡」「邑久郡」の四郡を指します。この四郡の中で歴史的に中核の位置を占めたのが「和気郡」で、光政公の足跡を探ってみてもやはり「和気郡」関連が多い。従って本章の論題を「光政と和気郡」に改めます。

①和意谷墓所

元岡大教授の倉地克直氏は主著『池田光政』の末尾で「『治者』たる武士の核心『国の大事』は『軍備』と『祭』（先祖祭祀）である」とまとめておられます。なるほど、光政公がその治世の終盤（寛文年間）に手がけた二大事業（「閑谷学校」と「和意谷墓所」）はいずれもここで言う「国の大事」の具体例であり、またいずれも和気郡が舞台。そしていずれも津田永忠と河内屋治兵衛のコンビがキーマンとして関わっています。

まず「和意谷墓所」から見ていきましょう。

光政公は「孝」の精神を最重要視（生母福照院への献身的孝行は有名）し、祖父輝政と父利隆そして輝政の妻（利隆の母つまり光政の祖母）である中川家女子（大儀院）を「御影三幅」として祀り、毎年元日に焼香して「孝経」を奉読していました。ちなみに「孝経」とは、四書五経に次ぐ儒教の根本経典で、孔子と弟子（曽子）との問答形式で綴られたもの（特に日本では珍重されてきました）。光政公は承応年間（蕃山重用期）以降「孝経」を藩内教育の最高経典に据えましたが、これは紛れもなく藤樹・蕃山の教えに従った

墓所参道入り口

ものです。

では「和意谷墓所」が設けられるに至った経緯についてまとめていきます。慶安元（1648）年のことですが、池田家菩提寺京都妙心寺護国院が火災消失し池田家代々の位牌も焼けてしまいました。この一大事への対処として光政公は鳥取池田家とも相談の上、まず火事の原因を調べたのですが、なんと火事当日は護国院住職以下寺内全員が遊山に出かけており、その隙に出火したことが判明！　これを聞いた光政公は激怒し、住職の大用を追放して護国院の再建も不許可としました。……この事件は光政公が「僧侶」に不信感を持つ大きな契機となったのです。

消失から18年後の寛文六（1666）年、改めて護国院の管主が岡山に来て堂塔の再建を願い出ましたが光政公はやはり認めませんでした。当時すでに「廃仏興儒」に舵を切っており、この機に妙心寺に預けてある先祖の遺骨を備前に引き取ることを決めたのです。（この遺骨回収に当たって光政公が同族である鳥取藩主光仲と密に相談した史料が岡山大学池田文庫に残っています）。

さて備前に新設する父祖の墓所、その適地選定に当たっては光政公の墓地観が反映されました。それは端的に言えば、「岡山城下、国清寺に叔父に当たる池田忠継と忠雄の墓があるが国清寺は「平場」である、百姓町民本位に考えるなら「平場」は耕地や宅地として有効活用すべきでそこを寺院が占有するのはよくない」というもの。つまり「墓は山の中にあるべきだ」という決のが光政公の考え方でありました。さらに東備和気郡の和意谷を選定した決

墓所入口

め手は、祖父や父が暮らした旧領播州姫路に近いということと、やはり「軍備」のことが念頭にあったと思われます。これについては自衛隊ＯＢでもある杉嘉男氏の研究がありますが、和意谷墓所が地形的に「とりで」の役割も兼ねたであろう事は容易に推察できます。

ところでこの「和意谷墓所」設営の具体的工程は村上輝行氏の「備前国物語」（吉備人出版）という単行本小説に詳述されています。主人公は石工の河内屋治兵衛と普請奉行の津田永忠ですが、寛文六年当時の備前地方の雰囲気が身近に感じられて秀逸。ここでは「光政の儒教狂い」的一面も描かれていますが、ともあれ最後は光政公直々の検分によって和意谷が墓所に選定されたのであります。

名奉行津田永忠らによって和意谷山全体の整備が行われ、墓碑・玉垣などについては名工河内屋治兵衛が腕に縒《よ》りをかけ、和気郡の人々が見守るなか難事業は遂行されました。寛文七（１６６７）年二月、いよいよ京都から運ばれてきた池田家代々の遺骨が和意谷に埋葬されます。光政祖父の輝政は「一之御山」（墓石の下部に据えられた魁偉な亀石で有名）、父利隆は「二之御山」に祀られました。（ちなみに光政公自身は、正室勝姫と一緒に「三之御山」に祀られています）。

筆者の思いを付記しますが、誇りある岡山人たる者この「和意谷墓所」についてもっと認知し、「名君池田光政」の遺産はこんな山深いところにこそあるという事実を再認識してほしいものです。（備前市では参拝用（？）の定時市営バスを週一便吉永駅から運行しているが、片道はタクシーが必要。テコ入れの必要性を感じる）

②閑谷学校

二つ目は有名な「閑谷学校」に目を転じましょう。「和意谷墓所」と並ぶ光政公の遺産ですが、比較にならないほどの高い認知度を誇ります。実際岡山県関係者でここを知らない人はまずいないでしょう。国宝（県内には2カ所のみ）の講堂はじめ聖廟や閑谷神社（光政公を祀る）などほとんどの建造物が国指定の重要文化財であり、平成27年には「近世日本の教育遺産群」として栃木の「足利学校」などと共に最初の日本遺産に認定されています。さて、この「閑谷学校」と光政公のつながりについて顧みてみます。

池田光政が「教育県岡山」の基盤を作ったことは前編でも指摘しましたが、それを支えたのが藤樹・蕃山といった他国出身の教育者たちでした。光政公は彼等がいなくなった後もその子弟たちを「藩儒」として抱え、今で言う「教育委員会」的役割を担わせていたのです。譜代の重臣たちもこれ（文化教育政策）には口出しせず従いました。

光政公の教育政策は寛文年間に至ってまず「藩学校」という形で実を結びます。これも寛文六（１６６６）年のこと、蕃山実弟の泉仲愛《なかよし》と新進の能吏津田永忠とが開校実務を命じられ、とりあえずこの年に「仮学校」（場所不詳）が開校。初年度入学生は武家以外の子弟３名を含む23名でした。「仮学校」は年々の生徒増ですぐに手狭となり、光政公の命で4年目の寛文九年には城下の祈祷所円乗院跡地（現在の蕃山町）に「新学校」が設けられたのです。この年7月の開校式には当時明石に寄留していた熊沢蕃山が招かれて主宰を務めています（別稿『「蕃山の文机」の話』参照）。ちなみにこの年の生徒数は１４１名（『備陽国学記録』）、並行して光政公は領内各郡に「手習所」を設けさせましたが、その一つ和気郡木谷村の手習所については追々「学校」に拡大して教育の拠点とする胆《はら》だったようです。ここにも光政公の別の意図（国境軍備）が含まれていることは容易に推測できますが、この「学校」こそのちの「閑谷学校」に他なりません（当初は「閑谷学問所」と称された）。

「閑谷学校」についての解説書は岡山文庫はじめ既に汗牛充棟、今さら私ごときが何をか言わん……と思料

いたし、再び光政研究の権威谷口澄夫先生の『池田光政』（吉川弘文堂）から該当部分を引用しますのでご参照願います。曰く
「藩校が『国学』であるのに対して、閑谷学校は『郷学《ごうがく》』である。寛文六年光政は和気郡木谷村（のち閑谷村と改む）の幽谷を巡見したとき、この地を「山水清閑読書講学」の好適地として、ここにまず手習所をたてさせた。（中略）ついで寛文十年には、津田重次郎をしてここに仮学校を設立するように命じた。このとき光政は津田に向って、この学校は後世までも存続するようにと命じ、のちに遺言でも繰り返している。それまで学校奉行だった津田は寛文十二年その職を免ぜられ、翌延宝元年八月からは閑谷に在宅して、この「閑谷学問所」の用務に専従することになった。寛文十二年に飲室・学房などが成り、延宝元年には講堂が完成し木谷村の二八〇石を学校領としてつけられた。（中略）貞享三年には光政を祀る芳烈祠《ほうれつし》も建立され、全貌が完成したのは元禄十四年（一七〇一）であった」

少し補足しますと、光政公の跡を継いだ綱政公はあまり学問を好まず、藩財政の窮乏を理由に領内の手習所を廃止して閑谷に統合する緊縮策を(父光政に)認めさせました。しかしこの結果、「閑谷学問所」は全国初の「藩営庶民教育機関」へと進化していくのであります。

延宝二年四月綱政公（黒幕は隠居した光政公！）は閑谷学校に壁書を掲示しその運営方針を示しました。そこには、入学は藩士の子弟に限らず百姓の子弟にも門戸を広げ他藩の者でも入学を許す、とあります。また学業については、民間子弟の教育を意識して全生徒が「孝経」素読から始めることとされました。学校は毎月五

旧閑谷学校講堂

と十の日が休みの他は毎日四つ時（午前10時）から休憩挟んで暮れ六つ（午後6時）またはそれ以降まで勉強させたといいます。前述した通り津田永忠という忠実な実務者（彼は結局和気郡に骨を埋める）を得て光政公の教育にかける思いは貫徹されたと言えるでしょう。

　和意谷墓所設営で津田永忠とコンビを組んだ石工河内屋治兵衛は、「閑谷学校」でも外構工事でいい仕事をしました。講堂などの校地を一周する石積塀ですが、蒲鉾型のデザインが特徴的で総延長８４６ｍに及ぶ石積は土気を遮断し、創建以来雑草が一本も生えないといいます。この石塀は現存の講堂が再建された元禄十四（１７０１）年に完成し、これを以て「閑谷学校」の工事が完了したと言えます。

　こうして光政公が心血を注いだ「閑谷学校」は綱政以降も法灯は護られ明治維新を経て現代に至るのです。光政公逝去の年（天和二年）閑谷には光政親書の孝経と四書各一部が納められ、翌年には光政遺愛の品々百数十点がかたみわけされました（校内の資料館に現存します）。その後校内に光政公を祀る芳烈祠（閑谷神社）と公の遺髪などを納めた御納所（椿山）がつくられました。

　余談になりますが、私の暮らす和気町に立地する岡山県立「和気閑谷高等学校」こそ光政公創建の〝藩営庶民教育機関〟「閑谷学校」の後身なのです。超少子化の時代になり地方では高校統廃合も頻繁ですが、日本最古、３５０年以上続く伝統校の名を消す訳にはいかないと思われませんか？　地元自治体はもちろん関係者一同の

閑谷学校石塀

一層の奮起が求められているところです。

四、光政の宗教政策とその思想

2回に亘《わた》った本稿連載の最後に、光政公の「宗教政策とその思想」について紹介したいと思います。そもそも近世大名の中で「その思想」面が云々されるケースは幕末を除いては稀ですが、池田光政の場合、藤樹や蕃山などに学びあれだけ学問教育に注力したのですから「その思想」が貧弱なはずがありません。岡山大学（谷口澄夫ほか）が刊行した『池田光政日記』の「まえがき」にも
「……儒教的合理主義者であった池田光政は、また一方において淫祠を禁じ社寺の整理を行うなど、政治家であるとともに思想家としての性格も強い……」

と記されています。

このテーマについては、先達の論考を踏まえた上で私からも一言《ひとこと》感想を述べさせて頂きます。池田光政という人物については、生来の一本気で潔癖な気質は是としても、惜しむらくは「名君」に備わるべき「寛容さ」「度量」といったものにやや欠けていた一面も浮かんできます（治世終盤の寛文年間に顕著）。

あえてそう前置きをして本論に入っていきます。

「池田光政の宗教政策」としてよく論じられるのは①寺院淘汰、②神社整理、③キリシタン神職請の3点ですが、全て寛文六（1666）年を起点としています。以下順に見ていきましょう。

①寺院淘汰

光政公が仏教（というより僧侶）に不信感を持った理由の一つは、先に紹介した通り菩提寺だった京都妙心寺護国院での「不始末」です。しかしそれでなくても「鋭い明敏の素質」を有する光政公は、儒学や軍学に学んだ中で合理的実践的思考法を身につけており、「キリシタン寺請制度」という安住環境を与えられた寺院・僧侶の「表と裏」がよく見えてしまったのでしょう。

備前における本格的な寺院淘汰はおなじみ寛文六年の夏から始まります。きっかけはその頃打ち出された幕府による日蓮宗不受不施派禁制策で、これに従った光政公は異様なほどの忠実さで不受不施派を弾圧したのです。元々備前というところは、豊臣秀吉に抗議して京都を離れた日奥《にちおう》が布教に来て以来不受不施派の一大拠点と化していまして、光政公の「廃仏興儒」政策とは全く相容れぬ事情がありました。ひいては彼の目玉政策たる学問教育振興の妨げにもなっていたことでしょう。

こうした政策上、と言うより「思想」上の不適合だけに光政公の不受不施派弾圧は苛烈を極め、岡山城下では蓮昌寺、妙善寺、妙林寺などの住持が追放されました（この時からキリシタン寺請を神職請に改め始めています）。

不受不施派弾圧の有名な事例として磐梨郡佐伯（現和気町）本久寺ゆかりの僧日閑ら「矢田部六人衆」（寛文八年岡山城下平井で斬刑）の例や、作州福田（現津山市）の「比丘尼《びくに》塚五人衆」（寛文九年、これも本久寺

本久寺（和気町）

ゆかりの僧日勢と比丘尼四名が洞窟で断食死）の例など、数々の悲話が残っています。

もちろん光政公の寺院淘汰は不受不施派以外の寺院にも及びました。ただ寛文七年七月大老酒井忠清に提出した報告書によれば、当時の弾圧で追放された者は不受不施派313寺585人、真言・天台・禅・一向・浄土の合計250寺262人と、やはり不受不施派中心の弾圧だったと言えましょう。

結果として多くの僧侶が立退《たちのき》・追放された訳です。彼らの大部分は還俗して帰農したのですが、中には神職に転じた者もみられました。一例として（また和気郡の話で恐縮ですが）現在和気町内にある「由加神社」や「水行谷神社《みずひきだにじんじゃ》」はこの「寛文法難」の際僧侶から転じた神職によって再興されたものです。こうした光政公のややエキセントリックとも言える宗教政策にさすがの幕府も驚いたようですが、特に咎め立てることはなかったようです。しかし備前の領民から少なからぬ恨みを買ったことは想像に難くありません。光政公が陰で「赤鬼」などと呼ばれたという話もうなづけるところです。（まもなく跡を継いだ綱政が一転して仏教を尊崇したのは歴史のなせる〝振り子〟めいた因縁と言えましょう）。

②神社整理

光政公は寺院・僧侶に冷厳であっただけでなく、領内の「淫祠」といわれる民間信仰の風習に対しても厳しい淘汰策をとりました。背景として領内各地のいわゆる「淫祠」では、山伏・神子などの祈祷師（？）たちが疫病・災害などに乗じてそれは何某《なにがし》（狐狸妖怪類）の祟《たた》りであるから祈祷してやるといって領民の財貨を搾取していた（「御領分寄社記」）実態があります。儒教的合理主義者の光政公がいつまでもこれを看過するはずがありません。

施策はやはり寛文六年の夏から強行されたのですが、領内にある「わけもなき小社共」（淫祠）を村々各一カ所に集めよと命じたのです。領内1128社が対象となり、整理の結果601社は残されましたがその他は71カ所の「寄宮《よせみや》」に統合されました。破却された小社の「御神体」は京都吉田神社（今の神社本庁的地位にあった）に持ち込まれて封じ込められたとのことですが、いかにも光政公の面目躍如といった観があります。吉田神社からは新たに72の証印が光政公に下賜され、各寄宮とその「本社」とされた上道郡大多羅村の句々廼馳《くぐのち》神社（現布勢神社）に納められたとのことです。さらに紹介すれば、現在赤磐市にある「石上布《いそのかみふ》都魂《つみたま》神社」は、上古（3、4世紀頃？）破却されたと伝わる吉備氏（？）の古い社《やしろ》を、光政公が本来の「備前一宮」と唱えて寛文九年に復興したものです（ちなみに備前国には「一宮」が3つもあります）。

なお谷口澄夫先生によれば、光政公の一連の神社整理策は当時の熊沢蕃山の新著『大学或問《だいがくわくもん》』における厳重な宗教観・神社観の影響を受けているとのこと（蕃山は『大学或問』の内容が幕府に危険視され終身閉門の扱いを受けています）。

石上布都魂神社（復興350年祭の時）

③キリシタン神職請《うけ》

前の寺院淘汰のところで述べた通り光政公にとって寺院・僧侶という存在は既に虚飾であり、幕府のキリシタン禁制策をここに委ねることは看過し難かった。そこで寛文六年の寺院淘汰断行に合わせて「キリシタン神職請」も始められた訳です。該当する寛文六年八月の「お触《ふれ》」を要約しますと「領民は仏法を捨てて神道・儒道を選んだというのだから、もはやキリシタン寺請の根拠はなくなった。故に幕府へ上申してその内諾を得て、産土神《うぶすながみ》あるいは信仰している神の神主を以て請人《うけにん》とする」とあります。が、ここで問題視される「領民は仏法を捨てて神道・儒道を選んだ」というのはどこまで事実か？　ということについて見てみたいと思います。

光政公は寛文七年に幕府に『備前出家還俗之子細書付』を提出して「キリシタン神職請」を正当化していますが、実態としてはまず村役人、神職、医者、手習所教師、僧侶で還俗した者などの「知識人」を動員して藩主の意向に従わしめ、そこから一般領民に向けて「同調圧力」を以て仏法から神道・儒道への転向が進められたもののようです（『池田家履歴略記』）。

しかし本来、政治と宗教は切り離して扱うべきであって、17世紀という前近代社会にあったとしても、これを強制的に結びつけた光政公の政策には宿命的限界があったと言わねばなりません。実際跡を継いだ綱政の代になると「キリシタン神職請」は元の「寺請」に戻されるのです。

章末に当たって私見を披露しますと、「池田光政の宗教政策とその思想」が郷土岡山で展開された結果が「宗教県岡山」であって、具体的には後の「金光教」「黒住教」「神習教」「福田海」「最上稲荷」などの新興教団誕生につながっていくのであります。（このテーマについては岡山文庫の長光徳和著『岡山の宗教』などをご参照下さい）。

池田光政公三百五十回忌を迎えるのを契機にいち早く本稿を書き下ろしました。令和という益々難しい時代に入り込み、これからの「岡山」の行く末を思う時、この際郷土の偉大な先達である「名君池田光政」に学ばない手はないと思われます。ぜひともトップリーダーである知事や都市圏各市長のみなさまには、この点お含みおき願う次第であります。

ついでに付言いたしますと、冒頭で私は「池田光政大河ドラマ化」云々と申しましたが、これはおなじみの「山田方谷」顕彰運動に倣っただけであって「大河ドラマ化」自体が目的ではありません。最近のＮＨＫ「大河ドラマ」を見ていてかえって人物のイメージがダウンする事例（あくまでも主観的なものですが）も多々あり、ＮＨＫに頼り切る姿勢はよくないと考えるからです。何事も自力でやり切ると言いますか、「東京」とか「中央」とかに頼らないという「自主性」（あるいは「反骨精神」）こそ岡山人が光政公に学ぶべき最大の「生き方」だと私は思料いたします。

（了）

「文学創造都市岡山」と市民のちから

山川隆之

2023年6月30日の夕方、一件のメールが届いた。送り主は、岡山市文化振興課。「本日、文部科学省より、日本ユネスコ国内委員会による審査を経て、岡山市のユネスコへの申請が承認された、と連絡がありました」というものだった。今後の予定としては、6月30日までに岡山市からユネスコへ申請書を提出し、10月31日にユネスコによる加盟認定の結果公表となる。第一関門を通過し、ほっとしたというのが正直なところだ。ユネスコ創造都市ネットワークへの加盟が認められれば、「文学」分野では岡山が日本国内で初めてとなる。

しかし、「文学によるまちづくり」は、いまスタートラインに立ったところで、これからが本格的な活動となる。「文学」の創造と「文学」周辺の産業の創造、振興、発展をどうかたちづくっていくのか——。単なるまちのイメージづくりではなく、地域の産業として「文学」を位置づけるという、ある意味壮大なチャレンジである。

創造都市ネットワーク（Creative Cities Network）は、チャールズ・ランドリーが1995年に発表した「Creative city」を、2004年にユネスコが採用したプロジェクトのひとつ。文学・映画・音楽・工芸（クラフトとフォークアート）・デザイン・メディアアート・食文化（ガストロノミー）の創造産業7分野から、世界でも特色ある都市を認定するもの。「グローバル化の進展により固有文化の消失が危惧される中で、文化の多様性を保持するとともに、世界各地の文化産業が潜在的に有している可能性を、都市間の戦略的連携により最大限に発揮させるための枠組みが必要」との考えに基づいている。

岡山市はなぜ、ユネスコの創造都市ネットワークへの加盟へ、それもまたなぜ「文学」分野でなのか。文科省へ提出する申請書案はＡ４サイズで26ページにも及ぶ超す膨大な内容で、岡山市がどんなまちなのかからはじまり、「文学のまち」と呼ぶにふさわしい理由をさまざまな角度からアピールしている。

岡山の文学的資産とは何か

申請書によると、岡山市の文学的資産として申請書には次のような項目を挙げている。

■吉備路文学館

１９８６年に岡山市に本店を置く地方銀行である「中国銀行」の創立50周年を記念して設立された民設民営の文学博物館。明治時代（１８６８年～１９１２年）以後の吉備路ゆかりの小説家、歌人、詩人、俳人、映画人などの著書や資料を収集・展示するなど、貴重な文化資産を次の世代へ伝えていく取り組みを実施している。展示以外のスペースは、講座・講演会をはじめコンサート・美術展・朗読会・ミニシアターなどに利用可能。

■公益財団法人岡山県郷土文化財団

先人の英知と努力によって遺された、貴重な自然や文化財を守るとともに、伝統にねざした個性豊かな地域文化の創造に努め、「うるおい」と「やすらぎ」

のある郷土づくりを目指して活動を展開している。岡山が生んだ名文筆家である内田百閒の生誕100年を記念して「内田百閒文学賞」創設し、「岡山にゆかりのある文学作品」を広く円国に向けて募集している。

■坪田譲治を顕彰する会

岡山市出身の児童文学作家「坪田譲治」の偉業を顕彰し、その作品の文学的価値を広めるため、作品の朗読会や子どもたちへの読み聞かせ等の活動、譲治の岡山での生活や作品づくりに関連する地域や場所の紹介に取り組んでいる。

善太と三平の会が総会

こうしたおかやまの文学的資産の団体のひとつに1985年に設立された「善太と三平の会」がある。会は、岡山市出身で日本を代表する児童文学作家である坪田譲治顕彰し、その作品を多くの人に知ってもらおうと活動している市民によるグループ。坪田の作品を読み、「その世界を味わい深めるとともに、善太と三平にみられる豊かな子どもの世界を、広く今の子どもたちの心の中に育て」ていくことを目的に掲げている。

1990年には生誕100周年記念「坪田譲治の世界」を岡山天満屋で開催。92年からは会報誌「善太と三平」を発行している。以後今日までの38年間にわたって、人形劇や紙芝居の制作、ゆかりの地に説明板を設置したり、岡山駅2階広場に「善太と三平像」、生家前に「心の詩碑」を建立してきた。

初代会長を務めた加藤章三さん（2017年没）や2代目会長の福間トキ子さんらが中心になって、地道に活動を続けてきたが、2020年からは新型コロナ感染拡大の影響で諸活動はお休み、この夏4年ぶりに総会を開いた。総会では、第一部に「岡山市の文学創造都市づくり」に呼応してのプログラムを組んだ。坪田作品の研究、顕彰を続けてきた同会として、岡山市の「坪田譲治文学賞を核とした文化のまちづくり」は、会のこれまでの活動の大きな成果であり、願いの結実であることはいうまでもない。

7月1日の午後、岡山市立中央図書館で開かれた「善太と三平の会」の総会の第一部では、来賓として岡山市の中原貴美市民生活局長が「文学創造都市岡山づくりについて」と題してあいさつ。続いて筆者が「市民みんなで岡山市を文学のまちに」と題して話をした。

以下、その時の話を元に、岡山が文学によるまちづくりに取り組む意味や、その取り組みになかで開催した「おかやま文学フェスティバル２０２３」についてふれてみたい。

岡山は「出版のまち」

「文学のまち岡山」の話をすると、多くの人は「どうして岡山が文学のまちなのか?」と納得いかない表情をみせる。その疑問に対しては、坪田譲治をはじめ内田百閒や小川洋子ら数多くの文芸作家を生み出していることや、岡山市単独で坪田譲治文学賞や市民の童話賞などを続けていることなど、文芸振興に力をいれていることが公式な回答となるだろう。

さらにもう一点、岡山は「出版のまち」であることを付け加えておきたい。

岡山はかつて「教育県」といわれていた。江戸時代の寺子屋の数が長野、山口に続いて第3位、大学の数が多いなどがその理由。ただ、今日ではかつての「教育県」の面影はなく、その「再生」に向けての取り組みが始まろうとしているが、そのことはとりあえず置いておこう。

長野県は、もう一面で「出版王国」ともいわれ、数多くの出版人を生み出した土地柄。岩波書店、筑摩書房、みすず書房、大和書房、青春出版など創業にかかわっている長野県人が約60人ともいわれる。もちろん、地元の出版も盛んで、現在では長野県出版協会があり、信濃毎日新聞社をはじめ約20社が名前を連ねている。首都圏、関西圏以外、出版社がこんなにあるのは長野と沖縄くらいではないだろうか。

この長野と同様、岡山もかつて出版の盛んな地域とみられていた。小学館や秋田書店といった出版社の創業者が岡山出身だったということ、そして地方での出版活動が盛んだったことがその理由だ。「岡山文庫」を生み出した日本文教出版社、ベネッセコーポレーションの前身の福武書店、そして地方紙の出版部門でヒット作を生み出していた山陽新聞社出版局などが地域の出版物を精力的に刊行していた。

「岡山文庫」は、1964（昭和39）年に刊行が始まり、現在（2023年7月）までに330タイトルを刊行。現在で年間4冊ほど刊行している。地方の出版事情に詳しい地方・小出版流通センターの川上賢一社長は、「岡山文庫は地域文庫の草分け。写真や図版を多用し、アート紙による文庫として高い評価を得ると共に後進の地域出版社のめざすところでもあった」「同じ地域文庫シリーズ夢見た出版社は数多くあったが、そのほとんどが挫折している。地域の人々（読者・著者・行政・企業）が資本や労働力を提供して、自らの力で地域の文化を残し創造していく時代の先鞭を果たしてきたといえる」（「本の話」）と書いている。

戦後岡山の地域出版は、「岡山文庫」がその代表であり、岡山だけでなく全国的な地方出版の一つのモデルだった。たくさんの地域で同じような文庫、新書のシリーズが刊行されたが、続いているところは少ない。

「岡山文庫」により地域での書き手が育成されたことは、山陽新聞社が1980年に刊行した『岡山県大百科事典』（全2巻、4万2000円）は大成功を納めたことにもつながっていく。地方新聞社の出版部が手がけた県別百科事典のブームのなかで、突出するヒットとなった同事典は、実売4万部とも5万部ともいわれる。地方によって、このようには売れなかったところも数多くあり、その分かれ目は、読者の地域への思いと、その市場性を捕まえることのできた出版人の感性、そしてその行動力だったのではないかと、川上社長は分析している。

山陽新聞社出版局はその後精力的な出版活動を展開し、80年代から90年代前半にかけて大判のカラー写真集、サンブックスシリーズ、図鑑、ガイド、万能地図、雑誌など、地域出版のフィールドを席巻した。

「岡山文庫」と山陽新聞出版局の存在で、70年代から90年代にかけて、岡山の地域出版は充実した時代だった。それは、書き手にとっては、研究したもの、表現したいものを本にする受け皿が身近にあったということであり、読み手によっても、東京の出版社から刊行されることはないであろう地域を掘り起こした本が次々と刊行されたのだから。

ところが90年代に入り、バブル経済の崩壊とともに出版業界も地域の経済も失速し、96年をピークに出版業界の売上はマイナス成長に転じ、同じ頃、山陽新聞社の出版局もなくなり、同社は出版事業から実質的に撤退した。

一通り出し尽くした地域本は、売れ行きも頭打ちとなり、在庫を多数抱えたうまみのない事業になってしまった。出版業界も地方出版の世界も「冬の時代」に突入したのだ。

吉備人出版は1995年にスタートしたのだが、そのこと「かつてどんな不況でも出版事業は右肩上がり」といわれており、「まさか」の事態。船出した途端気がつけば流氷漂う氷の海のなかだったという訳だ。

手帖舎の存在

80年代の岡山の地域出版の歴史のなかで、忘れてはならないのが、手帖舎の存在だ。手帖舎を設立した岸本徹さんは、1934年（昭和9）神戸市生まれ。電電公社（現在のNTT）に勤めていたが、80年年に同社を退職し、その時の退職金で手帖舎を設立する。設立する前から、岡山県詩人協会の事務局を長く務め、岸本さん自身も詩を書いていた。

「手帖舎の仕事は詩集、歌集、句集と造本が好評を重ね、自分の企画として創業の翌々年からはじめた『岡山県俳人百句抄』、つづいて『岡山県歌人百首抄』、また『岡山県川柳作家百句抄』、『双書現代詩一千行』のシリーズは、岡山の文学関係出版としては歴史的なマイルストーンとして一時代を画したと評価されてよいだろう」と、岡山市立オリエント美術館の初代館長で、岡山の文化人を代表する山本遺太郎さん（1911―2001）は、岸本さんが遺した詩集『腔腸都市』に「回想」と題した一文を寄せている。

手帖舎は地域出版は文芸を中心としたラインアップと宮園洋さんという装幀家による洗練されたブックデザインが、当時の地域出版なかで異彩を放っていた。判型、用紙、書体、レイアウト、岸本さんと宮園さんの手にかかると、歌集や詩集、エッセー集のどれもが輝きを増し、読む人を引きつけた。

余談だが、ぼくが出版の仕事へのあこがれを抱いたのは、手帖舎の本に魅せられたことと、この二人の仕事場に足を踏み入れたからだ。

取材を兼ねて、そのころ岡山市北区表町のはずれの小さなビルの2階にあった手帖舎の仕事場にお邪魔したことがある。ドアを開けると、手帖舎の舎主・岸本徹さんと宮園さんがいた。オールバックの髪で堂々とした雰囲気なのに、小さくてやさしそうな目が印象的だった岸本さん。一方宮園さんは、髪は短く、ひげをたくわえ、一見ちょっと怖そうな団体の論客といった風貌。いわゆるデザイナーというイメージとはほど遠い雰囲気を醸し出していた。

岸本さんの机の上には校正中のゲラが置いてあった。余白のたっぷりある美しい校正紙に、ところどころ赤いインクの校正指示が書き込まれていた。その朱の入り方がとてもきれいだった。以後何度か手帖舎の仕事場を訪れる。

新聞社と出版社、同じ活字を扱い似たような仕事場なのに、ぼくがいた生活情報紙の編集部と雰囲気はまったく違っていた。流れている時間がずいぶんゆっくりしていたように感じた。情報紙編集と書籍編集との違いを知ったことが、出版、本づくりの職場を意識した瞬間だったのかもしれない。

残念なことに90年10月20日、岸本さんは突然亡くなってしまう。外出先の人通りのない路上でくも膜下出血だった。享年55。

宮園さんは１９４２年（昭和17）東京都杉並区高円寺生まれ。國學院大文学部を卒業後、デザイン会社勤務などを経て、思潮社で詩集などの制作に携わった。詩集を中心にしていた思潮社では、詩人たちとのつきあいも深かったようだ。

78年に妻・美都恵さんの故郷岡山市にも拠点を設け、東京と岡山を行き来しながら手帖舎の本の装幀のほとんどを宮園さんがやっていた。

95年に吉備人を設立したぼくたちは、初めての本『楯築遺跡と卑弥呼の鬼道』（薬師寺慎一・著）の装幀は、宮園さんに依頼した。そのときぼくは「手帖舎の本とは違う雰囲気の本にしてほしい」と注文をつけた。すると宮園さんは「菊池信義に菊池らしくない装幀を依頼するようなものだな」と一蹴された。

その後、吉備考古ライブラリィシリーズなど初期の吉備人出版の本は宮園さんのデザインによるものが多い。ところが、本づくりの相談相手であり、同志でもあった宮園洋さんも、2001年1月19日の早朝に交通事故で亡くなった。享年59。

その1週間ほど前、宮園さんとぼくはある出版記念祝賀会の流れで飲みながら、「これまでの作品を集めて還暦装丁展をやりましょう」と、二人で盛り上がったばかりだった。

おかやま文学フェスティバル

文学によるまちづくりに関わる活動がスタートして、機会があるごとに「岡山のまちと文学」「岡山のまちと本」のかかわりについて、このようなことを話してきた。少なくともぼくのなかでは、岡山が「文学のまち」と名乗りを上げたとしても、さほど無理がある話ではないと思っている。

さて、岡山市の「文学によるまちづくり」事業が、2022年度に本格的にスタートした。その活動のひとつとして、「おかやま文学フェスティバル2023」の開催が具体化することになった。以前は東京国際ブックフェアという催しが年に一度幕張メッセを会場に開かれていたのだが、数年前から開催されておらず、国内外にアピールするなら、こうしたブックフェアが岡山でできればと思っていた。

イベントの企画や会場探し、その下見、近隣の商店街さんへのあいさつ回りや講演者との打ち合わせ、広報・PRに加え、慣れない行政との協働事業は、とまどいもあったが楽しかった。幸い、部会のメンバーに、「瀬戸内ブッククルーズ」としてイチョウ並木の本まつりなど、いくつものブックイベントを手がけてきた451BOOKSの根木慶太郎さんがいたので、大きなトラブルもなく事業を進めることができた。

どんなことをやってきたのか、「おかやま文学フェスティバル2023」を振り返ってみる。

2月25日は岡山駅のエキチカでオープニングイベントをかねてPR活動。翌26日は、岡山県立図書館で倉敷市出身の作家・平松洋子さんの記念講演会。「読む、書く。食べる」をテーマに講演と地元書店員や図書館員とのトークセッションは、会場いっぱいの来場者で盛り上がった。

3月4日には坪田譲治文学賞の表彰式と記念講演会が岡山シンフォニーホールで行われた。

3月4日・5日は、岡山市北区の表町商店街（上之町、中之町）で一箱古本市が開催された。名付けて「おかやま表町ブックストリート」。商店街に県内外から参加した「本屋さん」（ほとんどが一般の参加者）が軒を並べ、本を挟んで客と「店主」との会話が弾む風景は、ブックイベントならではのものだった。

一箱古本市の提唱者であるライター・編集者の南《なん》陀楼綾繁《だろうあやしげ》さんは、「こういうブックストリートを続けていくことで、〈見えていなかった〉文学が好きな人、本が好きな人たちがあぶり出されてくる」と当日のゲストトークで話していた。〈わが店〉でも、本を手に取ってくれる人が思った以上に多かったし、日頃「売れないなあ」と思っていた本や『岡山人じゃが』シリーズをまとめて買って帰る人もいた。自分たちがつくった本を興味深そうに手にしてくれるのを目の当たりにして、とても勇気づけられた。同時に、本をつくるだけで、その本の存在を知らせることや本を届けるための工夫や努力ができていない、本を求める人との接点を十分つくり切れていないことも痛感した。

3月11日・12日は、「おかやま文学フェスティバル」のメーンイベントともいえる「おかやま文芸小学校」。旧内山下小学校を会場に、全国から書店、古書店、出版社、製本会社がブースを出店。出版社では、東京の夏葉社、大阪から西日本出版、創元社、滋賀・長浜の能美舎、福岡は書肆侃侃房《かんかんぼう》、沖縄ボーダインク、韓国から夜明けの猫など個性豊かな出版社が参加した。

製本のワークショップやアナウンサーによる朗読会、映画上映、出店者によるトークセッションや文学〇×クイズなどプログラムも多彩で、２日間で１０００人を超える来場者が訪れた。

一連の催しを取材してくれた山陽新聞文化部の記者は「あちこちで文学談義に花が咲き、本を介して人と人が交流。岡山市が目指す『文学による心豊かなまちづくり』の形が垣間見えた」「会場にはオンラインでは味わえない〈リアル〉な喜びにあふれていた」（山陽新聞3月27日付け）と報じていた。参加した出版社や書店、そして来場者からも「楽しかったね」「来年もやりたい」といった声がたくさん返ってきた。県内外の書店主や出版人、著者との交流が生まれ、得たもの、発見したことも多くあった。

表町ブックストリート

表町ブックストリートでは一箱古本市に多くの市民が本との出合いを楽しんだ

旧内山下小学校を会場に開かれた文芸小学校

2日間で1,000人以上が参加したおかやま文芸小学校

文芸小学校には県外の小出版社も出店

一年目の取り組みはまさに試行錯誤の連続だったが、無事終えることができた。とはいえ、「岡山市を文学のまちへ」と、市民のなかで盛り上がったかといえば、正直まだまだだ。

「文学のまち」ふさわしいかどうかより目指したい

この一年間、さまざまな場面で文学創造都市おかやまについて話し、書いてきた。この話をすると、何人かは「なぜ、岡山市が文学のまち？」と疑問を投げかける人がいる。というか、多くの人がそんな反応だった。なかには、「岡山は文学的なまちではない」と言い切る人までいた。

どんな意見があってもいい。わずかとはいえ、税金を使っての事業だけに、反対意見があれば、それに耳を傾けることも必要だ。

大切なのは、岡山市という私たちのまちが、文化や芸術を創造することを大切にしよう、経済優先で文化芸術を後回しにするまちではなくて、「文化的創造性が豊かであること」に重きを置いたまちにしたいと、市民が動き始めること、考え始めることではないのだろうか。

文化や芸術が地域づくりに役に立つのか、「文化」でメシが食えるのか――事あるごとに言われてきた。高度経済成長の時代からつい最近まで、経済成長や産業振興が優先されてきた。その結果、日本は、そしてまち（地域社会）はどうなったか。

昨年度の文学フェスティバの案内パンフレットに書かせてもらった、「『文学』のまち・おかやま」のふたつのなんで？」の文章で、次のようにまとめた。

「文学によるまちづくり」への取り組みは、こうした「病んだ社会」、「消えつつあるまち」を再生させる取り組みのひとつである。「文学」だけでなく「映画」「舞台芸術」でもいい。文化的創造性が豊かな地域であることは、それがそこで暮らす人たちの誇りになる。

「個性的な本屋さんがたくさんあって、創作や詩作がさかんだってね」なんて、いわれるまちに暮らせたら、それを世界中の人に知ってもらえるとしたら、地域で本づくりにかかわる者として、これほどロマンを感じることはない。

「文学のまち」とは、こうした文化的なものを大切にする市民生活を志向していくことではないか。

地域の出版社として、そうした市民の支え、縁の下の力持ちになれるような存在でありたいと願っている。

「岡山人じゃが２０２３」執筆者および岡山ペンクラブ会員プロフィル

赤井克己（あかい・かつみ）
岡山ペンクラブ会長。１９３４年岡山市東区瀬戸町生まれ。神戸大経営学部卒。58年に山陽新聞社入社。編集局長、常務、専務を経て、98年に山陽印刷社長。02年に同社を退任しハワイ・日米経営科学研究所に留学、国際ビジネスを学ぶ。英検1級、国連英検A級，V通訳英検A級。87年山陽新聞連載企画「ドキュメント瀬戸大橋」取材班代表で日本新聞協会賞受賞。２０１３年大原孫三郎・総一郎研究会募集論文に「新聞経営に見る大原孫三郎の先見性と革新性」が入選。著書に『67歳前社長のビジネス留学』（私家版）『おかやま雑学ノート』（第1集～第19集）、『瀬戸内の経済人』『続瀬戸内の経済人』（以上吉備人出版）、『岡山人じゃが』（共著・吉備人出版）など。岡山市北区在住。

池田武彦（いけだ・たけひこ）
１９３９年生まれ。関西学院大学卒。62年に山陽新聞社入社。編集局経済部長、東京支社編集部長、論説主幹などを務め２０００年2月定年退職。２０１３年まで「おかやま財界」編集長。著書に『漱石の〝岡山人脈〟をたどる』（山陽新聞出版センター）、『岡山人じゃが』（共著・吉備人出版）。岡山市北区在住。

石津圭子（いしづ・けいこ）
１９６８年福岡県北九州市生まれ、１９８１年岡山市に転入。岡山大学文学部卒。92年編集プロダクション㈱エディターズ（岡山市）入社。旅情報誌『マップル』（昭文社）や雑誌『Ｍｙおかやま』（山陽新聞社）などで編集・ライティングを担当。広告デザイン事務所勤務を経て２００３年フリーライターに。雑誌『オセラ』創刊号より82号まで『追憶のモニュメント』連載執筆。著書に『岡山人じゃが』（共著・吉備人出版）。岡山市南区在住。

猪木正実（いのき・まさみ）
1945年岡山県井原市生まれ。九州国際大学法経学部卒。69年岡山日日新聞社入社、経済、岡山市政、岡山県政を担当。81年瀬戸内海経済レポートに出向、取締役、常務を経て08年退任し顧問。この間編集長二十年。著書に『繊維王国おかやま今昔』『土光敏夫の世界』『守分十の世界』『三木行治の世界』『野崎邸と塩田王野崎武左衛門』『岡山の銀行』『人見絹枝の世界』（いずれも岡山文庫）『ツバル2010』（河田雅史共著）。『岡山人じゃが』（共著・吉備人出版）玉野市在住。

今西宏康（いまにし・ひろやす）
1964年兵庫県神戸市生まれ。岡山県立岡山大安寺高等学校卒業。89年筑波大学社会学類卒業。新日本製鐵入社。95年岡山に帰郷。伯父・父の事業に参画。2007年今西農園開設。17年合同会社オフィスイマニシ設立。岡山の地方創生に一石を投じようと人物伝の執筆を開始する。著書に『恕の人犬養毅』（吉備人出版）、『慶長三年醍醐寺の夜』『令和時代に生かす「易経」』『岡山人じゃが』（共著・吉備人出版）ほか。和気郡和気町在住。

廣坂武昌（ひろさか・たけまさ）
1939年生まれ。岡山東商高卒業、山陽放送入社。総務、営業、管理、事業、文社などで勤務。平成12年（2000年）定年退職（在社中岡山大学法経短期大学部卒業）。2003年佛教大学仏教科卒業、09年同大学院仏教文化専攻修了。現在現代美術「寥」後援会理事、佛教大学仏教学会会員、（公財）岡山市シルバー人材センター職員（派遣コーディネーター）、田賀屋狂言会事務局長、光匠園（造園）顧問。著書に『狂言綺語の過ちは』、『岡山人じゃが』（共著・吉備人出版）。岡山市北区在住。

山川隆之（やまかわ・たかゆき）
1955年岡山市生まれ。三重大学農学部卒。伊勢新聞記者、生活情報紙「リビングおかやま」編集長を経て95年に㈱吉備人を設立。『絵本のあるくらし』『のれん越しに笑顔がみえる』『粘着の技術――カモ井加工紙の87年』『愛だ！上山棚田団――限界集落なんて言わせない！』などの編集を担当。㈱吉備人代表取締役。日本出版学会会員。著書に『岡山人じゃが』、『聞く、書く。』『シネマ・クレール物語』（共著・吉備人出版）。岡山市中区在住。

●岡山ペンクラブ
2003年6月に発足した文化団体。岡山の文化の発展を願い、積極的に発言・提言することを目的としている。現在の会員は、地元新聞社、放送局、出版社で活躍したＯＢや現役編集者など文筆活動にかかわる人たちが中心である。これまでに『岡山人じゃが――〈ばらずし的県民性論〉』（２００４年）、『岡山人じゃが２――〈ばらずし的県民〉の底力』（２００５年）をはじめ、２００９年から『岡山人じゃが』シリーズを出版。

●岡山人じゃが 2023

●岡山ペンクラブ・編
赤井克己／池田武彦／石津圭子／猪木正実／今西宏康／廣坂武昌
／山川隆之

●題　字　稲岡健吾

●イラスト　横幕朝美

●発行日　2023 年 9 月 30 日

●定　価　本体 1200 円＋税

●発行所　吉備人出版
〒 700-0823　岡山市北区丸の内 2 丁目 11-22
電話 086-235-3456　ファクス 086-234-3210
ウェブサイト www.kibito.co.jp
E メール books@kibito.co.jp
郵便振替 01250-9-14467

●印　刷　株式会社三門印刷所

●製　本　株式会社岡山みどり製本

ISBN978-4-86069-720-4　C0095　1200E

ISBN978-4-86069-720-4
C0095 ¥1200E

発行：吉備人出版
定価：本体1200円＋税